Regensburg im Biedermeier

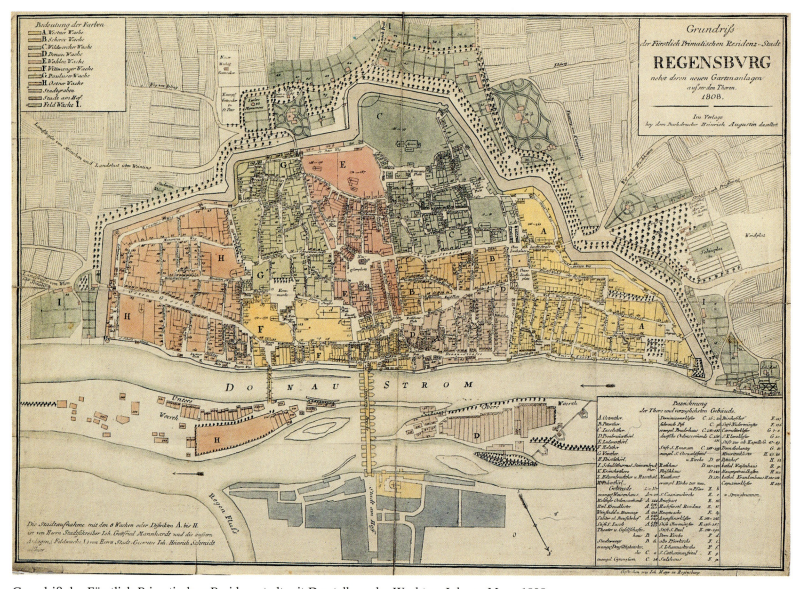

Grundriß der Fürstlich Primatischen Residenzstadt mit Darstellung der Wachten; Johann Mayr, 1808

Birgit und Martin Angerer

Regensburg im Biedermeier

Verlag Friedrich Pustet Regensburg

Umschlagvorderseite: Christian Ludwig Bösner,
  Aufstieg zum Schelmengraben, 1853
Umschlagrückseite: Monogrammist Cl. P.
  Neupfarrplatz, 1843

Die Deutsche Bibliothek – CIP-Einheitsaufnahme

Angerer, Birgit
Regensburg im Biedermeier / Birgit Angerer ; Martin Angerer. –
Regensburg : Pustet, 1998
  ISBN 3-7917-1605-0

ISBN 3-7917-1605-0
© 1998 by Verlag Friedrich Pustet, Regensburg
Umschlaggestaltung: Martin Veicht. form fünf, Regensburg
Lithos: Scan-Tec-GmbH, München
Gesamtherstellung: Friedrich Pustet, Regensburg
Printed in Germany 1998

Vorwort

*»O du Stadt! so ruh' vergessen
Jetzt im Nachglanz deiner Größen,
Wie der Held, der oft gesiegt,
Spät auf Lorbeern friedlich liegt!«*

Wieviel von diesem »Nachglanz« noch spürbar war, dem wollen wir in diesem Buch nachgehen. Der Schritt von der europäischen Hauptstadt als Sitz des Immerwährenden Reichstages zur bayerischen Provinzstadt im jungen Königreich war sehr klein. Nach den großen politischen Turbulenzen im ersten Jahrzehnt des 19. Jahrhunderts wird es ruhig, die Stadt scheint sich auf sich selbst zu besinnen. Das Mittelalter ist in den Bauten noch fast allgegenwärtig und wird von den Künstlern romantisch verklärt. Der enge Mauerring wird aufgelöst, Städter und Zeichner ziehen in die Landschaft. In diesem Zusammenhang schreibt J. J. Wiedenmann 1818 seine »Wanderungen um Regensburg«, aus dem die eingangs zitierte Strophe stammt.

Die trügerische Idylle scheint mit dem Schlagwort »Biedermeier« treffend gekennzeichnet zu sein. So nehmen wir, analog zur Entwicklung der Stadt, den Begriff »Biedermeier« nicht zu eng. Das Ergebnis spiegelt das Bild der Stadt wider, vom Gartenpalais des Grafen Sternberg über die Walhalla bis zum Bahnhof und den Ausbau der Domtürme. Beim Blättern in diesem Buch wird man oftmals erstaunt sein, wieviele Ecken und Idyllen sich bis auf den heutigen Tag erhalten haben. Die beiden großen Panoramen von Georg Scharf in der British Library vermitteln einen beinahe bis heute bewahrten Gesamteindruck. Einige Darstellungen sind daher wichtige Dokumente für verlorengegangene Situationen.

Von vielen Seiten erfuhren wir Unterstützung, Rat und Tat, wofür wir allen auf das Herzlichste danken möchten. Chris Rawlings, The British Library in London sowie Prof. Dr. Hans-Joachim Giersberg, Stiftung Preußische Schlösser und Gärten Berlin-Brandenburg in Potsdam. Naturgemäß erhielt unser Unternehmen gerade in Regensburg eine großartige Unterstützung. Für die zahlreichen Gespräche, Hinweise und sonstigen Hilfen möchten wir uns ganz herzlich bedanken bei Dr. Hermann Reidel, Diözesanmuseum; Dr. Martin Dallmeier, Fürst Thurn und Taxis Zentralarchiv und Hofbibliothek; Dr. Peter Germann-Bauer und Dr. Uta Piereth, Museen der Stadt Regensburg; Dr. Michael Drucker, Staatliche Bibliothek Regensburg; Dr. Heinrich Wanderwitz, Stadtarchiv; Klemens Unger, Tourismusverband Ostbayern sowie bei Erika und Dr. Adolf J. Eichenseer, Peter Ferstl, Sabine Schmieder und Walter Zacharias.

Ein ganz besonderes Dankeschön möchten wir Frau Elisabeth Pustet aussprechen für das charmante Beharren auf einer guten Idee sowie Herrn Verleger Friedrich Pustet, bei dem wir uns immer gut aufgehoben fühlten und der mit großem Engagement für die nun vorliegende Qualität sorgte.

Regensburg, im September 1998

Birgit und Martin Angerer

Inhalt

Vorwort 5

Birgit Angerer
Regensburg im Biedermeier 7

Martin Angerer
Vom Sternberg-Palais zum Bahnhof
Die innere und äußere Gestalt der Stadt 19

Die Künstler 109
Verzeichnis der Abbildungen 111
Anmerkungen 114
Verwendete Literatur 116
Fotonachweis 117
Die Autoren 118

Regensburg im Biedermeier

»Oh, wie ist die Welt ungemütlich geworden und hastig und entfesselt und überstürzt, wie war sie schön die ›gute alte Zeit!‹ Und die Regensburger suchten die Gemütlichkeit, die Gemächlichkeit, die Persönlichkeit zu retten durch Zusammenschluß in geselligen Vereinen, wo sich so gut träumen und erzählen ließ von ›alten längst vergangenen Tagen‹.«[1] Mit diesen Worten blickt der Magistratsrat Maurer voll Sehnsucht auf eine Zeit zurück, die allgemein mit dem Begriff Biedermeier bezeichnet wird. Auch in uns erweckt dieser Abschnitt der Geschichte die Vorstellung von beschaulicher Ruhe, bürgerlicher Schlichtheit und großer Liebenswürdigkeit. Der Historiker nennt diese Periode zwischen Wiener Kongreß 1815 und Revolution 1848 Restauration oder Vormärz, je nachdem an welchen historischen Eckdaten er sich orientiert.

Der Begriff Biedermeier taucht zum ersten Mal in den Münchner »Fliegenden Blättern« auf und beschreibt ironisch eine versunkene Ära und Scheinidylle, die für die nachfolgende Gründerzeit schon zu einem goldenen Zeitalter geworden war. Herr Biedermeier hieß eigentlich Sauter und war ein Dorfschullehrer, dessen 1845 herausgegebene Gedichte von so unfreiwilliger Komik waren, daß Adolf Kußmaul und Ludwig Eichrodt sie veröffentlichten, überarbeitet und mit einem Vorwort versehen, in dem sie beschreiben, wie sie die Gedichte aus dem »verheißungsvollen Schutte der deutschen Pronvinzialpoesie«[2] geborgen hatten. Die Laienpoesie und -malerei ist denn auch einer der Wesenszüge des Biedermeier. Daß die Protagonisten nicht alle Original-Genies waren und die Empfindsamkeit des 18. Jahrhunderts sich allmählich in eine Massenergriffenheit verwandelt hatte, geht auch aus den Versen des ehemaligen Regensburger Bürgermeisters Karl Martin Maurer hervor, die dieser 1829 veröffentlichte:

> »Schon als Knabe liebt ich Haine, Schlösser
> Und das Graun verödeter Abtein
> Und der Donau rauschende Gewässer
> wiegten oft den jungen Schwärmer ein.
>
> Und des Jünglings flatternde Gedanken
> schlichen sich auf unwegsamer Bahn
> zwischen Felsgestrüpp und Efeuranken,
> zum Gemach der Rittersbraut hinan.«[3]

Kein Wunder, daß auch unsere Empfindungen heute, wenn wir an das Biedermeier denken, zwischen sanftem Spott und leiser Wehmut schwanken.

Daß Kußmaul und Eichrodt gerade das Pseudonym »Biedermeier« wählten, liegt an der Beliebtheit dieses Wortes in der ersten Hälfte des Jahrhunderts. Bieder bedeutet rechtschaffen und wird keineswegs ironisch gebraucht, wie aus einem Text über zwei Studenten aus dem Regensburger Wochenblatt 1820 hervorgeht: »Indem sie rastlos nach Geistesschätzen ringen, um einst mit denselben ihre Mitmenschen zu beglücken, sehen sie sich von irdischen Gütern ganz entblößt … Kaum erfuhr das harte Los dieser Musensöhne ein hiesiger Biedermann … so übergab er mir zwei Krontaler zu gleichheitlicher Vertheilung …«[4]

Bei näherer Betrachtung des Zeitraums wird deutlich, daß das Biedermeier keineswegs eine stille Periode gewesen ist. Immerhin war Frieden. Aber es herrschte große wirtschaftliche Not und die Bürger waren politisch unterdrückt. Auch wenn die Industrialisierung in Deutschland nur schleppend voranging, so machten sich doch schon die ersten sozialen Spannungen bemerkbar, die entsprechend der in England viel fortgeschritteneren Verhältnisse zur Veröffentlichung des »Kommunistischen Manifests« durch Marx und Engels 1848 führten. Daß die Probleme der Arbeiter angesichts der Industrialisierung auch dem Regensburger nicht fremd waren, geht aus der Rede von Franz Sauer hervor, der 1848 Sprecher eines Bürgercomités war: »Vor allem aber ist es notwendig, daß der Mittelstand wieder Arbeit und Verdienst findet und der Bürger der Stadt nicht mehr durch freie Konkurrenz vom Land in seinem Gewerbe beeinträchtigt wird, daß Maschinen und Fabriken, welche ohne menschliche

Kräfte, bloß durch Dampfkraft getrieben werden, gänzlich aus unserer Umgebung verbannt werden ...«[5]

Die Resignation der Bürger angesichts der finanziellen Not und der politischen Unmündigkeit führte zu einem Rückzug in die häuslich-familiäre Welt. Nicht die Idylle kennzeichnet das Biedermeier, sondern die Sehnsucht danach. Die Sorge um die Kinder und die Pflege des Gartens als eines überschaubaren Stückchens Erde und der Freundschaft als Ausdruck tiefer zwischenmenschlicher Empfindungen sind kennzeichnend für diese Zeit. Schon 1809 schrieb Kaspar Maria Graf von Sternberg, Naturforscher und Vizepräsident des Landesdirektoriums in Regensburg, über sein Gartenhaus, das später Theresienruh hieß: »Der Genuß eines wissenschaftlichen Treibens war mit jenem des geselligen Lebens im Kreise bewährter Freunde verbunden; er erfüllte ganz das Ideal, welches mir bei der Anlage des Gartens vorgeschwebt hatte.«[6] Eingefangen hat Heinrich Klonke dieses heile Stückchen Welt in einem seiner hellen, klaren Aquarelle, auf denen für düstere Schatten kein Platz ist und die Menschen gleich Bleisoldaten ordentlich aufgereiht werden.

»Die stillen Jahre« betitelt Franz Hiltl seine kommentierte Quellensammlung über die Zeit zwischen Napoleon und Bismarck. Und auf Regensburg trifft dieser Titel in besonderem Maße zu. Nachdem Regensburgs große wirtschaftliche Blüte schon mit dem Mittelalter dahingegangen war, machte der Verlust des Immerwährenden Reichstages sowie der Anschluß an das Königreich Bayern Regensburg zur Provinzstadt. So schreibt der Botaniker Joseph August von Schultes in seinem Buch »Donaufahrten« 1819: »Wenn eine Stadt von ungefähr 20 000 Menschen einen Reichstag verliert, bey welchem die Gesandten aller deutschen Staaten erschienen; wenn sie noch überdies vier Fürsten verliert, die ehemals in ihren Mauern wohnten ...; wenn sie zugleich noch ihre alten Rechte verliert, die sie seit Jahrhunderten besessen hat; wenn sie endlich gar ausgeplündert und zum Theile eingeäschert wird; so darf man weder vom Aufblühen derselben, noch vom Glück und von Zufriedenheit ihrer Bewohner sprechen.«[7]

Etwas aufgeschoben wurde Regensburgs Absinken zur Provinzstadt noch durch das merkwürdige, typisch napoleonische Staatskonstrukt, an dessen Spitze der Fürst-Bischof Karl Theodor von Dalberg stand. Im Frieden von Lunéville 1801 wurden die linksrheinischen Gebiete an Frankreich abgetreten. Die daraus erwachsenen Entschädigungsansprüche deutscher Fürsten mit Erbrecht sollten durch Säkularisation geistlicher Reichsfürstentümer und Mediatisierung weltlicher, reichsunmittelbarer Reichsstände befriedigt werden. Diese Angelegenheiten wurden im sogenannten Reichsdeputationshauptschluß von 1803 in Regensburg festgelegt. In Paragraph 25 wurde für den Reichskanzler von Dalberg als Ausgleich für das an Frankreich gefallene Mainz ein Staatsgebilde geschaffen, bestehend aus dem zu diesem Zweck konstituierten Fürstentum Aschaffenburg, Fürstentum Regensburg und der Grafschaft Wetzlar. Auch die Reichsstifte in Regensburg und alle sonstigen Klöster wurden in dieses Staatengebilde integriert. Nach Übertragung des Erzbischofsstuhls von Mainz nach Regensburg zählte der hier residierende Reichskanzler neben den beiden Ritterorden der Malteser und Deutschherren zu den letzten geistlichen Reichsständen, die der Reichsdeputationshauptschluß hatte bestehen lassen.

Dalberg war ein aufgeklärter Fürst, unter dessen Herrschaft sich die ständische Gesellschaft mehr und mehr zugunsten einer bürgerlichen auflöste. Einige wichtige Reformen waren die Einführung der Schulpflicht und die Reform der »Armen-Institutskasse« und vor allem ein Gesetz, das den Protestantismus als Voraussetzung zur Erlangung des Bürgerrechts abschaffte. Immer wieder wird berichtet, daß Dalberg sich besonders um die armen Bewohner der Stadt sorgte. Alleine 1805 wurden 237 887 sogenannter Rumfordscher Suppen ausgeteilt, ein nahrhafter Eintopf aus den gerade erstmalig in Bayern kultivierten Kartoffeln, Graupen oder Erbsen mit wenig Fleisch und mit Essig oder saurem Bier gewürzt. Das Stadtbild Regensburgs bereicherte der Fürst-Bischof durch eine Reihe klassizistischer Bauten, unter anderem das »neue öffentliche Theater- und Gesellschaftshaus«, ein typisches Projekt aufklärerischer Bildungspolitik, das fast zeitgleich mit dem Münchner Nationaltheater erbaut wurde.

Mit dem Tode Dalbergs 1817 erlosch das Erzbistum Regensburg wieder und das Bistum wurde der Erzdiözese München-Freising unterstellt. Als man 1823 für den verstorbenen Landesvater ein Denkmal errichten wollte, scheiterte die Idee am mangelnden Enthusiasmus seiner ehemaliger Untertanen. Dies ist um so erstaunlicher, als beispielsweise in der Allee Persönlichkeiten gewürdigt wurden, wie der Freiherr Carl von Gleichen, dessen einziges Verdienst es war, in Regensburg seinen Lebensabend zu verbringen.

Im Jahre 1809 wurde Regensburg von Österreich besetzt und von den Franzosen im Sturm erobert. Napoleon erhielt hier seine erste und einzige Verwundung, was dazu führte, daß »Ratisbonne« in Paris in aller Munde war. Ein Sechstel der Stadt wurde zerstört. Ungefähr 3000 Bürger wurden gänzlich ausgeplündert oder obdachlos. Ein Jahr später beendete Napoleon endgültig die Selbständigkeit Regensburgs und machte die Stadt zum bayerischen Eigentum. Sie wurde zur Hauptstadt des Regenkreises bestimmt und löste Amberg als traditionelles Zentrum der Oberpfalz ab. Bei der Gemeindereform 1838 wurde dann der Kreis »Oberpfalz und Regensburg« gebildet.

Bayern war damals ein wohlgeordneter, aufgeklärter Staat. Die groß angelegte Modernisierung unter König Max I. Joseph und dem Grafen Montgelas hatte eine effiziente Verwaltung geschaffen, den sozialen Vorrang des Adels zwar belassen und doch den Bürgern die Rechtsgleichheit verschafft. Dazu gehörten die Wehrpflicht, die Schulpflicht, die Gleichheit vor der Steuer und die religiöse Toleranz. Nicht zu Unrecht erhofften die Regensburger sich neue wirtschaftliche Impulse. Unter anderem tauchte kurz der Plan auf, die Universität von Landshut nach Regensburg zu verlegen, was, wie viele andere Pläne auch, leider mißlang. Immerhin errichtete König Ludwig I. in der Nähe sein großes Nationaldenkmal, die Walhalla, bei deren Grundsteinlegung 1830 er der Hoffnung Ausdruck gab, das Bauwerk möge den Fremdenverkehr vermehren. Zunächst brachte der Anschluß an Bayern jedoch keine Verbesserung. Die städtischen Gewerbe sahen sich plötzlich einer großen Konkurrenz ausgesetzt, unter anderem durch die Betriebe in Stadtamhof. Die säkularisierten Stifte und Klöster fielen als Auftraggeber weg und die Verbringung von Büchern, Kunstschätzen und Archivalien in die Landeshauptstadt fügten dem ideellen auch einen wirtschaftlichen Schaden zu. So ist es nicht verwunderlich, daß während eines Militärgottesdienstes am 12. Oktober 1811 in der Alten Kapelle ein Zettel gefunden wurde, auf dem zu lesen war: »Würget dem König von Bayern, dem Türan, würget seinen anfängen, und schlaget ihn todt – Napoleon der grosse wird euch schützen.«[8]

1 Napoleon vor dem brennenden Regensburg im Jahre 1809; Albrecht Adam, 1840

Regensburg hatte, ebenso wie das Münzrecht, seine Wehrhoheit verloren, die von der Reichsstadt am Rathaus durch die Figuren »Schutz und Trutz« versinnbildlicht worden waren. In der nunmehr eingerichteten bayerischen Garnisonsstadt wurden zunächst im ehemaligen Minoritenkloster und in der Notre-Dame Kaserne in Stadtamhof 1200 Soldaten untergebracht, was eine starke Umwälzung der Bevölkerungsstrukturen zur Folge hatte.

Auch die Fürsten von Thurn und Taxis wurden von den politischen Umwälzungen betroffen. 1806 wurde das Fürstentum mediatisiert. 1812 erhielt Fürst Karl Alexander die säkularisierten Klostergebäude der ehemaligen Benediktinerabtei St. Emmeram. Er bekam sie auch als Entschädigung dafür, daß Max I. eine Königlich Bayerische Post gegründet hatte. Fürstin Therese konnte durch ihre Teilnahme am Wiener Kongreß erreichen, daß die Bundesakte dem Fürstenhaus weiterhin den Besitz und Genuß vieler ehemaliger Poststationen garantierte, die erst 1867 beim Einmarsch preußischer Truppen in Frankfurt endgültig aufgegeben werden mußten. Fürstin Therese, eine geborene Mecklenburg-Strelitz und Schwester der frühverstorbenen preußischen Königin Luise, ist angesichts ihrer großen Bildung, ihrer Tatkraft und ihres unkonventionellen Lebenswandels eine der eindrucksvollsten Persönlichkeiten des Regensburger Biedermeier.

Als 1818 feierlich die bayerische Verfassung verlesen wurde, betrug die Einwohnerzahl der Stadt 18 900 und hatte sich damit nach den durch den Krieg bedingten Verlusten wieder etwas erholt. Politisch standen sich in Regensburg zwei Gruppierungen gegenüber. Die eine konservativ und katholisch, überwiegend dem Kleinbürgertum zugehörend, die andere protestantisch, liberal, überwiegend aus dem Bildungs- und Besitzbürgertum stammend. Großen Einfluß auf die katholische Seite hatte der Kreis um den Bischof Johann Michael Sailer, dem Lehrer König Ludwigs I. in Landshut. Beide strebten nach einer religiösen Erneuerung, was auch in der Restaurierung und Vollendung des Regensburger Domes zum Ausdruck kommt. Ebenso unterstützte der König die Erneuerung der Kirchenmusik, die von Regensburg ausging. Zu diesem Kreis gehörte auch der »Generalkommissär und Regierungspräsident des Regenkreises«, Eduard von Schenk, der 1831 von seinem Posten als Innenminister zurücktreten mußte und seinen Einfluß darauf verwandte, die monarchistische Gesinnung in Regensburg aufrechtzuerhalten. Auch er machte sich, genau wie sein geliebter König, als Dichter einen Namen.

Zu den einflußreichen Protestanten gehörten der Großhändler Wilhelm Neuffer, der Arzt Dr. Carl Herrich, der spätere Abgeordnete der Frankfurter Nationalversammlung Adolf von Zerzog und vor allem Gottlieb Freiherr von Thon-Dittmer, Bürgermeister von 1836 bis 1848. Nachdem Ludwig I. den Liberalen erst gar nicht als Bürgermeister bestätigen wollte, wurde er 1848 im sogenannten März-Ministerium sogar für kurze Zeit Innenminister. Adelbert Müller schreibt 1845: »Regensburg zählt einschließlich der für sich unbedeutenden Vororte Prebrunn, Kumpfmühl, am Galgenberg, St. Nikolaus und Einhausen 1819 nummerierte Gebäude und 23 948 Einwohner, wovon zwei Drittheile Katholiken und 130 Juden.«[9] Trotzdem waren die politischen Gremien zum großen Teil mit Protestanten besetzt, was immer wieder zu konfessionellen Spannungen führte.

Der ängstliche Umgang des bayerischen Staates mit seinen Bürgern spiegelt sich wider in den häufig vom Innenministerium angeforderten Berichten, die der Magistrat beantworten mußte. 1833 beschreibt der Bürgermeister Dr. Brügel den Regensburger Bürger fast beschwichtigend: »Der hiesige, friedliebende und zum größten Teil moralisch gute, seinem König und dem Vaterland treu ergebene, allen Schwindeleien abholde, in fortgeschrittener Zivilisation seine Pflichten und Rechte wohl kennende Bürger und Einwohner …« Er berichtet weiterhin, daß die Regensburger in krummen und verwinkelten Straßen leben, »bei manchen Gelegenheiten höchst bedenkliche Sackgäßchen – lauter natürliche Barrikaden!«[10]

Die Angst vor Aufruhr kam nicht von ungefähr, wie aus zahlreichen Briefen deutlich wird, die wegen der strengen Zensur anonym verteilt wurden: »Wenn das Sommerbier nicht um 5 Heller runterkommt und das Brot wenigstens um 5–6 Kreuzer, so werden alle Brauer und Bäcker samt dem Magistrat erschlagen oder alle Bäcker z. B. Stöhr und Bräuhäuser z. B. Emmeram abgebrannt.«[11] Unterschrieben haben »500 Menschen/Soldaten«. Auch der Bürgermeister Thon-Dittmer schickt im Jahre 1844 einen Bericht nach München, in dem er das Ministerium erst einmal beruhigt: »Es ist bis jetzt noch keine Wahrnehmung gemacht worden, daß von irgendeiner Seite durch fremde Elemente Aufregung erzeugt, oder wohl gar der sträfliche Versuch gemacht werden wollte, durch Schriften kommunistischen Inhalts oder politische Pamphlets die Ordnung und Ruhe zu stören oder den gesunden, geraden Sinn des Volkes zu vergiften.«[12] Thon-Dittmer weiß jedoch, daß Überwachung allein nicht genügt, sondern bestehende soziale Probleme auch einer Lösung bedürfen. »Es kann nämlich nicht in Abrede gestellt werden, daß die gründlichste Vorbeugungsmaßregel in allen solchen Verhältnissen die ist, den kräftigen Händen der Arbeiter Beschäftigung und dadurch Mittel zu bieten, sich den täglichen Bedarf für den eigenen Mund und ihre Familie zu beschaffen.«[13]

Die Revolution 1848 verlief in Regensburg, verglichen mit anderen Städten, recht friedlich. Die Vorbereitungen zur Wahl für die Nationalversammlung waren rege, der Wahlkampf durch die unterschiedlichen politischen Gruppierungen lebendig, und gewählt wurde zunächst der Kreisrat August Reitmayer. Nach dessen Absage rückte für ihn Adolf von Zerzog nach, ein Schwager Thon-Dittmers, der in der Nationalversammlung mehr durch

2 Erinnerungsblatt an die Ernennung des Regensburger Bürgermeisters Freiherr Gottlieb Karl von Thon-Dittmer zum Innenminister, 1848

seine markant-bayerische Erscheinung denn durch sachliche Beiträge auffiel.
1848 wurde in Regensburg ein Gesellenverein, später umbenannt in Arbeiter-Bildungs-Verein, gegründet, der 1850 zwangsweise wieder aufgelöst wurde. Die gemäßigte Haltung der Regensburger meldete der Vereinsvorsitzende Johann Georg Reitmayer an das Zentralkomitée nach Leipzig: »Die Politik schließen wir nicht aus, sondern gehen mit ihr, aber eine politische Demonstration unternehmen wir nicht, weil wir sie für unsere Sache nicht zuträglich erachten, wir möchten dieses auch von allen Arbeiter-Organen wünschen.«[14] Außer ein paar Demonstrationen und Tumulten waren im Revolutionsjahr keine besonderen Vorkommnisse aus Regensburg zu vermelden.
Organ der liberalen Politik war das Regensburger Tagblatt, dessen Redaktion 1849 einen ergreifenden Text über die eigenen politischen Ziele herausgibt: »Was wir wollen? ... Wir wollen Freiheit, ganze, volle und würdige Freiheit, wie sie einem Volke geziemt, das sich selbst zu achten versteht.«[15] Joseph Reitmayr, der Verleger selbst, rief in den nächsten Jahren wiederholt zur Unterstützung der vaterländischen Brüder im fernen Schleswig-Holstein auf. Der plötzlich erwachte nationale Kampfgeist trieb auch kuriose Blüten, wie aus einer Anzeige im Wochenblatt hervorgeht, in der 285 Regensburger Bürger beschließen, »unter Aufhebung der bisherigen üblichen Begrüßungsweise durch Abziehen der Kopfbedeckung, die militärische Begrüßung durch bloßes Berühren der letzteren einzuführen«.[16]
1866 ist die Epoche des Friedens vorbei und neue politische Umwälzungen treffen Bayern und somit auch Regensburg. Das Regensburger Infanterieregiment zieht in den Krieg gegen Preußen, doch die den Österreichern verbündeten Bayern unterliegen in der Schlacht bei Königgrätz. 1870 zieht dasselbe Regiment mit Preußen gegen Frankreich und 1871 wird das Deutsche Reich gegründet. Die Wahl eines Abgeordneten in den ersten deutschen Reichstag im selben Jahr beendet den hier betrachteten Abschnitt Regensburger Geschichte.
Die Forderungen der Vormärzzeit nach mehr bürgerlichen und politischen Freiheiten, die von der Politik nicht eingelöst worden waren, führte zur Gründung zahlreicher Vereine, in denen die Bürger ihre Mitverantwortung auszuüben suchten und ihren Ansprüchen Nachdruck verschafften. Noch die Gründung des Regensburger Liederkranzes 1837 wurde von der Obrigkeit mißtrauisch verfolgt. Das Sängerfest, das der Liederkranz 1847 veranstaltete, war denn auch ganz im Tenor des Nationalstaatsgedankens verlaufen. Auf der Estrade des Präsidentenpalastes standen Thon-Dittmer, Reitmayr, Adolf von Zerzog, der Architekt Foltz und der Maler Kranzberger. »Alsbald erhob der Liederkranzvorstand die Stimme und redete viel Schönes und Gutes von des Festes Bedeutung und jener des Liedes, als eines gewaltigen Hebels zur Erweckung und Erstarkung eines gesunden und lebendigen Nationalbewußtseins.«[17] Neben Vereinen, die der Forschung und Bildung dienten, dem Kunstverein und dem Naturwissenschaftlichen Verein, gab es zahlreiche Vereine, die die Geselligkeit pflegten, mit Namen »Hilarita«, »Concordia« und »Harmonie«.
Auf Anregung König Ludwigs I. war 1830 der Historische Verein gegründet worden, dessen Ziel einmal die wissenschaftliche Erforschung der Heimat war, der zum anderen nicht unerheblich dazu beitrug, die Bedeutung der historischen Baudenkmäler in das Bewußtsein der Bevölkerung zu tragen. Ähnliche Motive leiteten auch den Verfasser von »Regensburgs Geschichte«, Gum-

pelzhaimer, in dessen Vorwort er sich auf eine Verordnung der bayerischen Regierung von 1828 bezieht, »Zeitbücher und Chroniken anzulegen und fortzuführen, welche ein Bild der Sitten, Gebräuche und der Zeitverhältnisse … darstellten …«.[18] Im Biedermeier entsteht das Interesse an der Volkskunde, der Erforschung der Märchen, Sagen, Gebräuche und Trachten, mit dem sicheren Wissen, daß diese Dinge ohne schriftliche Fixierung in einer modernen Zeit verlorengehen. Die Angst vor dem Vergessen gehört auch zu den Wesenszügen des Biedermeier. Sie hat, neben der wissenschaftlichen Erforschung des Historischen, die Flut von Andenken, Miniaturporträts und Symbolen der Freundschaft in Form von Stammbuchversen und bestickten Gebrauchsgegenständen zur Folge. Nicht zufällig heißt eines der kleinen Büchlein, die man als Reiseandenken aus Regensburg mitnehmen konnte, »Regensburger Vergißmeinnicht«.

Die moderne Zeit, die in Europa an der Industrialisierung abzulesen war, kam jedoch nicht so schnell nach Regensburg. Das erste Jahrzehnt des 19. Jahrhunderts hatte der lokalen Wirtschaft einen tiefen Einbruch beschert. Die Kursverluste, die Regensburger Großkaufleute aufgrund ihrer für Österreich gezeichneten Kriegsanleihen hinnehmen mußten, waren beträchtlich. Wie überall wirkte sich auch die Kontinentalsperre von 1806, eine Maßregel Napoleons zur Abschließung des europäischen Festlandes gegen England, für die Großkaufleute verheerend aus, und für die Handwerker und Kleinbetriebe war die Auflösung des Immerwährenden Reichstages eine Katastrophe. Außer mit hochprozentigem Kalk in Keilberg und Lehm, Ton und Kaolin in der Prüfeninger Mulde war Regensburg nicht mit Bodenschätzen gesegnet. Immerhin werden im »Neuesten Wegweiser« 1836 noch 309 landwirtschaftliche Gebäude angegeben.[19] Schweine und Federvieh gehörten zum Anblick der Straßen. 1804 wurde von Johann Heinrich Koch eine Porzellanfabrik gegründet, die aber erst nach Übernahme durch Johann Heinrich Anton Schwerdtner 1830 so richtig in Schwung kam. Er beschäftigte in guten Zeiten bis zu 126 Personen. 1812 errichtete die seit 1733 in Offenburg ansässige Schnupftabakfabrik Bernard eine Niederlassung in Regensburg. Zuerst, seit 1821, in der Unteren Bachgasse, seit 1836 in den Gebäuden der ehemaligen Komturei des Deutschherrenordens am Ägidienplatz, blühte die Bleistiftfabrik Rehbach auf. Auf dem Gelände des heutigen Justizgebäudes entstand 1837 die erste »Runkelrübenzuckerfabrik«, eine

3 Milchkännchen mit Ansicht der Walhalla; Regensburger Porzellanmanufaktur unter Johann Heinrich Anton Schwerdtner, um 1840

unerhörte Errungenschaft, denn bevor 1801 die erste Fabrik dieser Art gegründet worden war, konnte man Süßspeisen und Gebäck nur mit Honig oder sündteurem Rohrzucker süßen. Dies führte dazu, daß immerhin 11 Konditoren und Zuckerbäcker, die im Adreßbuch der Stadt aufgeführt werden, offenbar ihr Auskommen hatten, von denen einer am Wochenende sogar »Gefrorenes« anbot.

Ein etwas gewagter, dafür aber um so breiter angelegter Versuch, die nationale Wirtschaft zu heben und Regensburg zu einem Wirtschaftszentrum zu machen, war die Errichtung einer Seidenplantage auf den Winzerer Höhen, von König Ludwig I., der kein Freund von Fabriken und schnaubenden Dampfmaschinen war, kräftig gefördert. Der Leutnant Anton Ziegler vom 4. Linieninfanterieregiment hatte sich zwar in seiner Freizeit hingebungsvoll mit der Zucht der kleinen Raupen beschäftigt. Ob es aber an seinem mangelnden Geschäftssinn lag, oder ob doch das Klima in Bayern nicht geeignet war, 1861 wurde die Liegenschaft hochverschuldet verkauft. Welche Bedeutung man dieser Idee doch immerhin beimaß, geht aus einem Artikel des »Regensburger Wochenblattes« 1848 hervor, in dem die königliche Hofgartenintendanz darauf aufmerksam macht, daß man bei ihnen Maulbeerbäume erwerben könne, deren Blätter die Raupen als einziges Futter zu sich nehmen. Lehrer und Pfarrer wurden angewiesen, Kleingartenbesitzer auf den Nutzen dieser Kultur aufmerksam zu machen, »indem sie damit ihren Unbemittelten und Armen einen Nebenverdienst zuwenden, welcher vieles Almosen beseitigt.«[20]

Besser erging es dem Wirtschaftszweig, der sich auf das Drucken und Verlegen von Büchern spezialisiert hatte. Da war zuerst Franz Anton Niedermayr, der vor oder gleichzeitig mit Alois Sennefelder in München die Lithographie erfunden hatte. Er kam 1801 nach Regensburg und gründete eine Graphische Kunstanstalt in der Marschallstraße. Rascher Erfolg war auch dem 1826 von Passau nach Regensburg gekommenen Friedrich Pustet beschieden, der schon ein Jahr später seine Verlagstätigkeit aufnahm. Eines der ersten Werke, die in seinem Verlag erschienen, war Gumpelzhaimers »Regensburgs Geschichte, Sagen und Merkwürdigkeiten«. Für seine Druckerei gründete er 1836 eine Papierfabrik in Alling. Das Verlagsprogramm hatte als Schwerpunkt die religiöse Literatur, und Friedrich Pustet war einer der Wortführer der katholisch-politischen Bewegung in Regensburg. Der Dritte war Georg Joseph Manz, der 1835 die Montag & Weißsche Buchhandlung übernommen hatte. 1856 ergänzte er sein stark expandierendes Unternehmen mit der Übernahme der J. Rußwurmschen Buchdruckerei in Regensburg.

Die wirtschaftlichen Umwälzungen durch die Industrialisierung fanden im wesentlichen im zweiten Viertel des 19. Jahrhunderts statt. Dazu paßt auch, daß die Stadt 1848 ihre Mühlen, die sich, angesichts der Dampfkraft, nicht mehr rentierten, verkaufte. Darunter war ein Eisen- und ein Kupferhammer, eine Papiermühle und das Grundstück der ehemaligen Säg- und Walkmühle. Die Mühlen hatten jahrhundertelang das geschäftige Bild des zur Stadt gehörenden Donauabschnitts geprägt.

4 Porzellanfabrikant Daniel Treiber, der die Manufaktur von 1816 bis 1821 leitete; Leonhard Bleyer, um 1820

Lang ersehnt, doch sehr spät, kam erst 1859 die Eisenbahn nach Regensburg, nachdem immerhin 1852 schon eine Telegrafenstation und 1857 die Gasbeleuchtung in der Stadt eingeführt worden waren. Reger Dampfschiffahrtsverkehr herrschte seit 1836 auf der Donau, ein Jahr später lief das erste Schiff, das auf dem Unteren Wöhrd gebaut worden war, vom Stapel. Im »Regensburger Vergißmeinnicht« von 1848 schreibt Adelbert Müller: »Insbesondere aber äußerst wohltätige, Leben verbreitende Wirkung auf den allgemeinen Verkehr hat das von Jahr zu Jahr steigende Zuströmen der Fremden, veranlasst durch die seit 1836 eingeführte Dampfschiffahrt auf der Donau und durch die Prachtbauten, mit welchen König Ludwig von Bayern die Umgebung der Stadt verherrlicht.«[21]

Die Armut und soziale Not konnten durch den wirtschaftlichen Aufschwung nicht gemindert werden. Ungefähr 24 staatliche, kirchliche und private Institutionen teilten sich die Versorgung der Armen und Kranken. Ausdruck der Not waren die zahlreichen Auswanderungen nach Amerika. Offiziell war diese bis 1845 in Bayern verboten, danach häufen sich auch gleich die Anzeigen Hamburger und Bremer Reeder in den Regensburger Zeitungen. In der Goliathstraße verkaufte J. W. Neumüller neben vielen anderen Dingen auch Amerika-Passagen. Viele Dienstboten, Gesellen und Tagelöhner waren arbeitslos, aber, wie Hosang berichtet, war auch eine akademische Ausbildung keine Garantie für eine gut bezahlte Stellung. Besonders betroffen waren von der wirtschaftlichen Misere die Frauen. In den entsprechenden Versorgungshäusern saßen meist doppelt so viele weibliche wie männliche Personen. Da dieses Problem in erster Linie an der schlechten Ausbildung lag, veranlaßte Karolina Gerhardinger, die Kongregation der Armen Schulschwestern zu gründen. Auch Apollonia Diepenbrock kümmerte sich um das Schicksal der Frauen, und zwar um das derjenigen, die nicht in Regensburg geboren waren und somit durch das Raster der städtischen Armenfürsorge fielen. Frauen wie Josephine Manz und Therese Pustet gründeten 1845 den Frauen-Verein zur Unterstützung armer Wöchnerinnen. Für die ledigen Wöchnerinnen hatte Dr. Ziegler schon 1822 eine ordentliche Gebäranstalt gegründet, um den »graulichen Folgen z. B. der Abortversuche und des direkten und indirekten Kindermordes«[22] entgegenzuwirken. Die Spender wollten allerdings nicht genannt werden, da ihnen von mehreren Seiten »Unterstützung von

5 Madame Kraer, eine arme, alte Frau, die sich durch das Anfertigen von Gedichten ein Almosen verdiente; Leonhard Bleyer, um 1820

Unsittlichkeit« vorgeworfen worden war. Diese Einrichtung wurde später vom Staat als notwendige Aufgabe übernommen, da mehr als ein Drittel aller Geburten in der Zeit um 1830 unehelich war.

1835 gab es in Regensburg 35 Putzmacherinnen, der einzige Berufszweig, der ausschließlich in weiblicher Hand war. Regelmäßig im Frühjahr wurden die alten Hüte wieder aufgeputzt und dann ging es hinaus in die Landschaft, deren Reiz man gerade erst entdeckt hatte.

»Siehst du nicht, wie in Scharen fröhliche Pilger aus allen Thoren eilen? Alle suchen ihre lang vermißten Freuden in den wieder verjüngten Lustorten, suchen Leib und Seele zu erquicken!«[23], schreibt Schuegraf in einem der zahlreichen, damals erschienen Führer zu Regensburgs Umgebung. Wie Gedanken an die düstere Vergangenheit mit einem Gläschen Bier weggespült wurden, schildert ein Gedicht über das Gasthaus, das 1829 als »Galgenwirt« gegründet worden war, dann aber seinen Namen in Napoleonshöh geändert hatte:

»Da, wo ehvor der Rabe saß
Und satt an Menschenblut sich fraß
Da heißt es nun: O jeh, o jeh!
Beim Gastwirt zur Napoleonshöh.
Hier Trank der Boden Heldenblut
Jetzt steht darauf ein Wirtschaftsgut.
Hier warf des Kaisers mächtige Hand
Nach Regensburg den Feuerbrand.
Man schenket hier der frohen Welt
Kaffee und Bier fürs gute Geld;
Ein jeder trinkt sein Gläschen aus
Und trägt den Brand im Kopf nach Haus.«[24]

Daß die fröhliche Sonntagsbeschäftigung auch ihre Schattenseiten hatte, geht aus einem Appell im Jahre 1848 hervor: »Längst anerkannt sind die vielseitigen Nachtheile, welche einem großen Theile von der arbeitenden Klasse angehörigen Bevölkerung durch die Ausbezahlung der Tag- und Wochenlöhne an den Samstagen zugehen«, weil »selbst Familienväter wegen Mangel an häuslichem Sinne, oder an Fürsorge für ihre Familien verleitet werden, mit den am Samstag empfangenen Geldern am Sonntage einer meist verderblichen Genußsucht sich zu ergeben, und dadurch sich, oder ihren Familien nicht selten für die ganze folgende Woche die bittersten Sorgen und Entbehrungen zu bereiten.«[25]

Andere Zerstreuungen boten die Jahrmärkte und Dulten in Regensburg und Stadtamhof, sowie ein gelegentlich auftretender Zirkus oder eine Tierschau. 1831 wurde in Anlehnung an das Münchner Oktoberfest ein landwirtschaftliches Volksfest eingeführt, mit Aufzug der bürgerlichen Landwehr-Kavallerie, Musikchören und »geschmackvoll gezierten ländlichen Wagen«. Sogar ein Weinfest wurde regelmäßig im Herbst gefeiert, obwohl die Anzahl der Weinbauern gerade in dieser Zeit drastisch zurückgegangen war.

Der festliche Höhepunkt in der ersten Hälfte des 19. Jahrhunderts war aber zweifellos der Besuch König Ludwigs I. anläßlich der Grundsteinlegung zur Walhalla. Die Stadt hatte zu diesem Zweck von Carl Alexander von Heideloff, dem Leiter der Polytechnischen Schule in Nürnberg, eine Feier inszenieren lassen, die sich angesichts der langen Tradition von Einzügen und Huldigungen nicht verstecken mußte. Festarchitekturen säumten den königlichen Weg, die Schützen leuchteten in historischen Kostümen und eine als Ratisbona verkleidete Jungfrau überreichte dem König die Stadtschlüssel.

Im Januar fanden traditionellerweise eine Reihe von Bällen statt, mit und ohne Masken, »mit einer Doppel-Polonaise unter vollständigem Orchester eröffnet« und mit »brillanter Beleuchtung des Saales«. Gerne besuchte man das Theater, das mit seinen Spielplänen auch ein Spiegel der politischen Verhältnisse war. Am 22. Januar 1845 wurde zum Beispiel die Oper »Das unterbrochene Opferfest« von Peter von Winter aufgeführt, was dem so großartig angekündigten Werk anscheinend auch nicht zum Durchbruch verhalf: »Seit 20 Jahren bannt der moderne Vandalismus diese Oper unter Schloß und Riegel und läßt sie gleich so manchem anderen Tonschatze im Staube modern, während so viele ausländische Schmarotzerpflanzen auf der deutschen Bühne Wurzel fassen und dem soliden Geschmack zum Hohne üppig fortwuchern durften.«[26]

Aus Anzeigen im »Wochenblatt« ist viel über das tägliche Leben im Biedermeier zu erfahren. »Wohlfeile elektro-magnetische Apparathe«[27] gegen Gicht und »Allerhöchst privilegierte Galvano-elektrische Rheumatismus-Ketten«[28] werden angeboten, wahrscheinlich ähnlich effektiv wie der 1822 angereiste Wunderheiler Fürst von Hohenlohe, ein Domkapitular aus Bamberg, der einen großen Menschenauflauf verursachte, da er Kranke durch Handauflegen heilte. Bei Herrn Jakob Kippner können wasserdichte Gummi-Überschuhe von der Firma F. Batty in London und Hannover erworben werden und »Der Frage nach ächten Havanna-Cigarren kann nun wieder entsprochen werden.«[29] Oft werden in den Anzeigen Teilnehmer für Lesezirkel gesucht, um den Preis einer Zeitschrift auf mehrere Personen zu verteilen. Daß das Zeitunglesen ganz in Mode kam, berichtet auch Hosang 1830, was, wie er richtig bemerkt, auch eine Folge der allgemeinen Schulpflicht und dem, auch dies ist typisch für das Biedermeier, Eingehen auf die besonderen pädagogischen Bedürfnisse der Kinder ist, »denn der Unterricht wird ihnen zur Unterhaltung gemacht. Durch lauter faßliche, ihrem Verstande angemessene Bücher z. B. Robinson Crusoe ... werden sie zum Nachdenken gewöhnt und wissen jetzt mit 9 und 10 Jahren mehr als ehemals Leute von 20 Jahren von Weltbegebenheiten und Regierungseinrichtungen gewußt haben.«[30] Auch ein Blick in die »Summarische Uebersicht der im Monate November 1847 abgehandelten Polizei-Uebertretungen«[31] lassen tief in den Alltag jener Zeit blicken. Von 326 behandelten Vorfällen wurden belangt: 88 wegen Bettelns, 12 wegen Trunkenheit, 23 wegen »Konkubinats-Scheindiensten und liederlichem Lebenswandel«, 11 wegen ehrenrühriger Nachreden, 4 wegen zu schnellen Fahrens und Reitens in der Stadt, 3 wegen mutwilligen Klatschens mit der Peitsche und 3 wegen Tierquälerei. Die restlichen Vorfälle verstießen gegen die Melde- und Marktordnung.

Regensburg im Biedermeier erscheint als eine ruhige, politisch gemäßigte Provinzstadt ohne wirtschaftliche Prosperität, nicht auf dem neuesten Stand der Technik und ohne herausragende geistige Leistungen. Verständlich, daß auch die Künstler in diesem Klima sich nicht so recht entfalten konnten. Die Säkularisation hatte nicht nur wichtige Auftraggeber abgeschafft, sondern auch kostbare Kunstwerke verschleppt. Der königliche Vertreter, Hofkommissär Freiherr von Weichs, berichtet 1810, daß die Ausbeute von Gemälden, die sich in öffentlichen Gebäuden befänden, groß ausgefallen sei und der König möge doch »von den vielen Schätzen auch einige in Regensburg aufstellen lassen: dergleichen Kunst-Museen bilden den Geschmack, befördern die Industrie und ziehen Fremde an, was alles die hiesige Stadt sehr notwendig hat, und man darf nicht das geringste versäumen, um den diesseitigen Unterthanen einen Wohlstand zu ver-

6 Plakat für eine Tierschau mit einem »See-Tieger« am 19. Oktober 1821

7 Hans Kranzberger, Selbstbildnis des Künstlers, 1843

schaffen, der sie in den Stand setzt, die landesherrlichen Abgaben zu bezahlen.«[32] Unterstützt wird dieser, für den König so mundgerecht abgefaßte Plan durch Christian von Mannlich, der in Münchner Auftrag nach Regensburg gereist ist, um eine Liste der Kunstwerke zu erstellen. Er möchte gerne die geplante Gemäldesammlung mit einer Zeichenschule verbinden, welche auch als eine Art Austrag für den einzigen Künstler von Rang, der damals in Regensburg lebte, Joseph Franz von Goez, dienen soll. Diesen Plänen wird durch ein Gutachten der Münchner Kunstakademie ein schnelles Aus bereitet, das Regensburg jedes Anrecht auf ein blühendes Kunstleben abspricht. Das traurige Ende ist, daß viele der Kunstwerke, die man aus Regensburg abtransportiert hatte, verkauft und so in alle Winde zerstreut werden.

In den 1830er Jahren entsteht eine öffentlich zugängliche Bildergalerie des Fürsten Maximilian Karl von Thurn und Taxis, und auch die Bildersammlungen der Kaufleute Kränner und Bertram können von Interessierten besichtigt werden. Weinmeyr erwähnt 1830 außerdem die am Kornmarkt gelegene Sammlung des Königlichen Hall-Oberbeamten Fur, »eine dem Fremden und dem Freunde der Kunst offene Gemäldesammlung von 200 Stücken der berühmtesten Meister.«[33] Über diese Sammlung ist heute nichts mehr bekannt, und die berühmten Meister solcher Sammlungen aus dem 19. Jahrhundert stellen sich leider oft im Nachhinein als Nachahmer heraus. 1838 wurde in Regensburg ein Kunstverein gegründet, der seit 1844 immerhin jährlich eine Gemäldeausstellung veranstaltete. Nach dem Tode von Goez 1815 wird nur noch ein Maler im Regensburger Adreßbuch geführt, nämlich Hans Kranzberger, der 1804 in Bayreuth geboren wurde und schon 1850 an der Lungenschwindsucht stirbt. Über die Zeit seiner Ausbildung ist wenig bekannt, möglicherweise fand sie an der in Nürnberg gegründeten Filial-Akademie statt.

Eine Ausnahme in jeder Hinsicht ist die Malerin Barbara Popp, die es tatsächlich geschafft hatte, als eine der ersten Frauen die 1806 gegründete Kunstakademie in München zu besuchen. Eine anschließende Romreise vervollständigte ihre Ausbildung und ließ sie Anlehnung an die Künstlergruppe der Nazarener finden. Dem romantischen Kreis um Bischof Johann Michael Sailer und Melchior von Diepenbrock fühlte sie sich zutiefst verbunden, und von dieser Seite erhielt sie auch eine Reihe von Aufträgen, die ihr ein Auskommen sicherten.

In dem schon erwähnten Adreßbuch von 1835 sind außer dem einzigen Kunstmaler vier Kupferstecher und drei Zeichenlehrer aufgeführt. Der private Zeichenunterricht, ehemals eher ein Privileg des Adels, wurde ebenso wie die Hausmusik vermehrt vom Bürgertum in Anspruch genommen. Aus diesem Milieu gingen in Regensburg durchaus Künstler mit malerischem Talent hervor, wie Christian Ludwig Bösner, aber auch steife, fast naive Zeichner wie der Konditor Heinrich Klonke, dessen Arbeiten uns heute besonders »biedermeierlich« erscheinen. Einen biedermeierlichen Stil, der im Bereich der Möbel ganz eindeutig zu benennen ist, gibt es in der Malerei nicht. Klassizismus und Romantik sind die beiden Pole, um die sich die künstlerische Auseinandersetzung in dieser Zeit dreht. Die Maler des Biedermeier lieben das Aquarell, mit dessen leichter Skizzenhaftigkeit der Charme der mittelalterlichen Stadt und der reizvollen Umgebung stimmungsvoll wiedergegeben werden kann. Die liebevollen Aquarelle verhalten sich im besten Fall gegenüber der von der Münchner Kunstakademie immer noch als Höhepunkt gefeierten Historienmalerei wie ein Impromptu von Schubert zu einer dramatischen Oper. Das Biedermeierliche ist aber auch das kleine, naive, zum Teil spießbürgerliche Kunststückchen, was in der Flut der vielen Souvenirbüchlein, bemalten Tassen und liebevollen Stammbuchseiten zum Ausdruck kommt.

Die Kirche war als Auftraggeber weitgehend weggebrochen, die Höfe kauften zwar Bilder für ihre Galerien an, hielten aber keine Hofmaler mehr aus, und die gewaltigen Anstrengungen König Ludwigs I., an ein Mäzenatentum früherer Zeiten anzuknüpfen, erreichte letztlich doch nur wenige Künstler in der Hauptstadt München. Die Bedürfnisse der Bürger waren anderer Art. »Emaille Silhouetten in extra feiner Manier auf Glas« bietet der Uhrmacher Manhart in der Engelburger Gasse 1845 im Regensburger Tagblatt an: »Für richtige Treffung wird garantiert.«[34]

Birgit Angerer

Vom Sternberg-Palais zum Bahnhof

Die innere und äußere Gestalt der Stadt

»Regensburg, – die uralte Hauptstadt der Bojer und erste Residenz ihrer Beherrscher, der Agilolfinger etc., nun der Sitz der Kreis-Regierung des Regen-Kreises – ist keine geringe Perle in der Königs-Krone Bayerns. Sie zieht in jeder Hinsicht, ob- und subjektiv die Aufmerksamkeit der In- und Auslaender auf sich. (…) Von den b i e d e r n Bewohnern der Stadt halte ich mich jedoch im Voraus ueberzeugt, daß sie diese meine Arbeit nicht nach ihrem innern Gehalte, sondern nach der Absicht, die ich ihr zu Grunde legte, guetigst beachten werden.« Diese Worte fand Franz Xaver Weilmeyr, königlich bayerischer Regierungs-Registrator, in seinem 1830 erschienenen Führer mit dem Titel »Regensburg und seine Umgebungen. Ein Handbuch für Einheimische und Fremde.«[1] Das Büchlein steht in den folgenden Ausführungen im Mittelpunkt des zu behandelnden Zeitraumes. Mit den wenigen, seit dem »Versuch einer kurzen Beschreibung der Kaiserlichen freyen Reichsstadt« von Albrecht Christoph Kayser[2] aus dem Jahre 1797 erschienenen Stadtführern, hat es das unbestimmte Gefühl dafür gemeinsam, wo die Stadt, einst bei den wichtigsten des Heiligen Römischen Reiches Deutscher Nation, nun sich einordnen darf und kann.

Der »Immerwährende Reichstag« hatte sich nach 143 Jahren aufgelöst. Der Übergang zum noch sehr jungen Königreich Bayern konnte durch das Interim Carl von Dalbergs von 1803 bis 1810 hinausgezögert werden. Die Säkularisierung der Klöster und geistlichen Stifte trug weiter zur Stagnation der Wirtschaft bei. Auch die Einnahmen der Stadtgemeinde aus dem eigenen Vermögen waren sehr gering. Im Jahre 1811 übernahm der bayerische Staat den gesamten Schuldenberg der Stadt in Höhe von 1,5 Millionen Gulden, ebenso die Pensionen der städtischen Bediensteten und die Kosten für den Unterhalt der Steinernen Brücke. Alle anderen kommunalen Gebäude, Realitäten, Grundherrlichkeiten und Aktivkapitalien wurden zugunsten des neuen Staatsgebildes eingezogen, lediglich das Rathaus, die Stadtmauern und Tortürme und einige Mühlen verblieben als Unterhaltslast bei der Stadt.[3]

Regensburg wurde 1810 Hauptstadt des Regenkreises, 1837 Hauptstadt der Oberpfalz. In den vorliegenden Handbüchern aus der ersten Hälfte des 19. Jahrhunderts ist durchgängig zu spüren, daß man noch nicht so recht weiß, wo man eigentlich hingehört. Die bedeutungsvollen Zeiten, die nicht immer mit wirtschaftlicher Prosperität verbunden waren, sind endgültig vorbei, die neue Zeit als Untertanen im Reich der Wittelsbacher, das die Freie Reichsstadt in allen Facetten der Nachbarlichkeit für fünfeinhalb Jahrhunderte umgab, kann und will jedoch auch noch nicht so recht akzeptiert werden. Der bislang unentschlüsselte Autor J. F. P. der 1838 erschienenen Denkschrift »Ratisbona in alter und neuer Gestalt« gibt gut die Atmosphäre in der Stadt wieder, mit einem knappen Abriß der Regierungen im ersten Jahrzehnt des 19. Jahrhunderts. Vor allem huldigt er dem ersten bayerischen König: »Unter Maxens weisem Zepter schwang sich diese Stadt sehr empor, und sah sich unter die Zahl der Kreishauptstädte im Königreiche versetzt. So wünschenswerth eine längere Dauer dieser segensvollen Regierung gewesen wäre, so hieng es doch von der Macht der göttlichen Vorsehung ab, und wider erwarten lösten sich diese frohen Wünsche in einer Zeitperiode in Trauer auf, wo Bayerns treues Volk ihrem allgeliebten Landesvater ihre Herzensergießungen zur Feier des hohen Namensfestes (den 25. Dez. 1825) auf den Altar des Vaterlandes weihen wollte; und sanft schied der edle Regent aus der Mitte der Seinigen, um jenseits die Krone seiner unsterblichen Verdienste zu erlangen.

Doch Maxens ausgestreuter Same keimte unter der Pflege des erhabenen Nachfolgers Ludwig I. eben so segensreich empor, und verspricht eine wohlthuende Ernte. – Möge der Genuß wieder Frucht, auch die segenreichste Wirkung eines ersprießlichen Gedeihens, in sich schaffen, und wie glücklich kann sich

Regensburg, in dessen Mauern schon die erhabenen Stammväter dieses hohen Königshauses, Arnulph und Otto von Wittelsbach residierten, fühlen, einer so erhabenen, und glorreichen Regierung mit eingereiht zu sein, und für dessen Bewohner kein anderer Wunsch übrig bleibet als: Möge der erhabene Regentenstamm Wittelsbach nie verblühen!«[4]

Im 1845 erschienenen »Regensburger Vergißmeinnicht« mit »Ansichten des Schönsten und Merkwürdigsten der königl. bayer. Kreishauptstadt Regensburg und ihrer Umgebungen« wird die Stadt im »Herzen Bayerns« gesehen und als die zweitälteste Stadt des Königreiches Bayern – nach Augsburg – bezeichnet. Die klare Definition, aber auch die territoriale Begrenztheit veranschaulicht die große Karte, 1829 angefertigt im »Topogr. Bureau des Kön. bayer. Gerneralquartiermeister Stabs« (Abb. 8). Von Kneiting bis nach Burgweinting spannt sich der Bogen des Burgfriedens und zeigt die doch auch trennende, dominante Linie der Donau sowie die Stadt mit ihrem seit dem späten Mittelalter beinahe unveränderten Grundriß. Eine ideale Ergänzung hierzu bietet die Stadtbeschreibung im »Vergißmeinnicht«: »Von drei Seiten umgibt offenes, ebenes Land die Stadt, und erst in einiger Entfernung steigt südwärts eine Hügelkette empor, über welche die von Abbach kommende Strasse sich herabschlängelt; im Norden strömt die Donau, deren jenseitiges Ufer theils angebaute, theils bewaldete Höhen einfassen. Einen grossartigen Eindruck wird das Oval des Regensburger Donauthales selbst bei Dem hervorbringen, der die Herrlichkeiten der Welt näher besehen hat. Die Lage der Stadt hat etwas von der Majestät der herrschenden Donauschwester Wien. Nach der Schilderung eines hohen Reisenden sollen die Umgebungen Regensburg's an jene Jerusalem's erinnern. Die Luft ist gesund, das Klima mild und selbst dem Weinstocke gedeihlich; es werden in der Umgebung beinahe alle Garten- und Feldfrüchte des südlichen Deutschlandes gezogen.«[5]

In vielen Darstellungen und Beschreibungen wird das mittelalterliche Hochstreben der Stadt hervorgehoben. Auf dem Kupferstich »Regensburg und Stadt am Hof in Bayern« (Abb. 9) des Wiener Verlages F. Werner steigen wie in einer Theaterkulisse die Häuserzeilen von der Donau bis zum Dom am höchsten Punkt empor. Heinrich Laube schreibt in seiner »Reise durch das Biedermeier« passend dazu: »Die alte Reichsstadt Regensburg grüßt wie ein aufeinandergetürmter Hügel von Häusern und Türmen. Als ich in den engen, winkeligen Straßen fuhr, dachte ich an die Einzüge der Fürsten und Herren zu den Reichstagen, an ihre Fähnlein und Rosse und an die mediatisierte Herrlichkeit, deren breiter Walplatz das westliche und südliche Deutschland war.«[6]

Trotz aller Neuerungen auf wirtschaftlichem Gebiet, wie den Fabriken für Porzellan, Bleistifte, Schnupftabak und Zucker, der Verlage Pustet und Manz, der Schiffswerft auf dem Unteren Wörth sowie der Seidenplantage auf dem Dreifaltigkeitsberg, scheinen sich die Stadt und ihre Bewohner hauptsächlich an vergangenen, bis in das frühe Mittelalter zurückreichenden Zeiten zu orientieren, als Regensburg noch »Weltgeltung« hatte. Dies zeigt auch ein Detail des Planes von 1829 (Abb. 10). Vor einem Blick auf das turmreiche Stadtgebilde, gerahmt von einem Eichenbaum, liegt ein großer Steinblock mit der Inschrift »Regensburg in seinen verschiedenen Epochen«; darunter sind die Entwicklungsstadien der Stadt eingemeißelt, vom »I. bis zum XIV. Jahrhundert«.

Wie kann man sich nun die Binnenstruktur dieses Stadtwesens vorstellen? Vieles, aus finanziellen Gründen vielleicht zu vieles, blieb beim alten. Erst unter König Maximilian II. konnten einschneidende Änderungen erzielt werden: zum einen der von König Ludwig I. initiierte und geförderte Ausbau der Domtürme in den Jahren 1859 bis 1869, womit diese beiden Türme nun nicht mehr, wie seit dem 16. Jahrhundert, den anderen Türmen in der Höhe vergleichbar waren, sondern von nun an die Silhouette dominierten. Die beiden Panoramabilder des königlichen Regierungssekretärs Christian Ludwig Bösner (Abb. 11 und 12), des »Stadtchronisten mit Feder und Pinsel«, wie Karl Bauer ihn nennt, zeigen die deutliche Veränderung im Bild der Stadt, die der Wanderer oder Spaziergänger von den Höhen über Pfaffenstein verfolgen konnte. Im Vordergrund stehen die damaligen einzigen Bauten auf der Kammhöhe, die Dreifaltigkeitskirche mit der 1837 angebauten Vorhalle und dem Ostturm sowie das 1833 errichtete zentrale Wirtschaftsgebäude der Seidenplantage. Über freie Felder und die Donauarme wird der Blick zur »mittelalterlichen« Stadt geführt und endet am Dom, einmal mit den unvollendeten Türmen, einmal mit den neuen Turmhelmen.

Zum anderen genehmigte König Maximilian II. die Niederlegung des gesamten Mauergürtels. Schon seit dem 18. Jahrhundert hatten die Anlagen ihre militärische Bedeutung verloren. Auf den

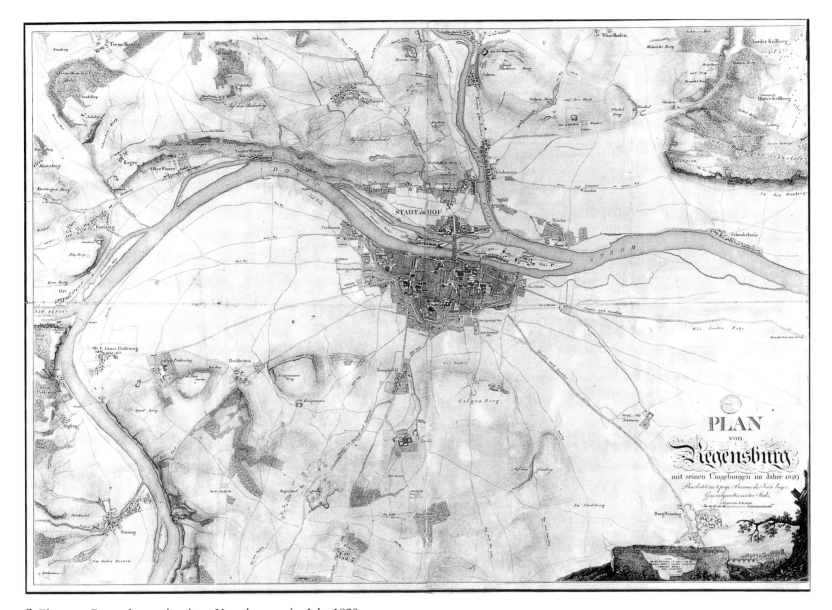

8 Plan von Regensburg mit seinen Umgebungen im Jahr 1829

überdachten Wehrgängen promenierten trockenen Fußes Spaziergänger, benutzten sie Seiler als Arbeitsplatz und drehten dort ihre Waren, Zwinger und Gräben wurden als Obst- und Gemüsegärten genutzt. Ein letztes Mal konnte die Ummauerung ihre Funktionstüchtigkeit beim Ansturm der napoleonischen Truppen auf die von den Österreichern besetzte Stadt unter Beweis stellen, wobei die Franzosen beinahe an ihrem eigenen Erstaunen strauchelten, indem sie mit einer derart mittelalterlichen Verteidigungstaktik nicht mehr gerechnet hatten.

Sämtliche Überlegungen des Magistrates bezüglich der Niederlegung der Mauern wurden ab 1810 vom nun zuständigen Kriegsministerium durch umständliche Genehmigungsverfahren erschwert. Zwar erachtete man die landseitige Befestigung als für die Verteidigung zwecklos, jedoch widersetzte man sich mit allen Mitteln dem Abbruch der donauseitigen Mauer mit ihren Türmen, so daß ab 1812 nur sehr zögerlich damit begonnen werden konnte. Karl Sebastian Hosang schreibt noch 1832: »Die vormaligen bedeckten Stadtmauern dienten den der Bewegung bedürfenden Spaziergehern zum Schutze. Sie verfinstern aber die Zimmer der Anwohner, sowie sie auch zur Nachtzeit der Unmoral ein Obdach gaben. Die jetzigen Stadtmauern verursachen, seitdem sie zur Hälfte abgetragen sind, der Stadtkasse viel Reparaturkosten, weil sie ohne Dachung der Witterung ausgesetzt sind. Da sie nun viel niederer dastehen, genießen die Anwohner die angenehmste Aussicht auf die Donau; dagegen kostet die Beheizung ihrer Zimmer nochmals soviel Holz.«[7]

9 »Regensburg und Stadt am Hof in Bayern«, um 1840/50

Neben den Wiederaufbauten nach den kriegerischen Verwüstungen des Jahres 1809 in Stadtamhof und im Bereich der heutigen Maximilianstraße war die Errichtung der Allee auf den verfallenen, vorgelagerten Festungswerken das große stadtplanerische Projekt der Zeit um 1800. Fürst Carl Anselm von Thurn und Taxis (1733–1805) hatte mit dem gewaltigen Aufwand von 12 007 Gulden und 45 Kreuzern diesen grünen Gürtel von der Prebrunn- bis zur Ostenbastei als ein wahrhaft fürstliches Geschenk geschaffen (Abb. 13). Vollendet wurde sie von Fürstprimas Carl von Dalberg, der dem Schöpfer ein würdiges Denkmal in Form eines Obelisken setzen ließ. Damit war ein wichtiger Schritt vor die Tore gemacht, es entstanden Lustgärten, Sommerhäuser und das Sternbergsche Palais, das spätere Schlößchen Theresienruhe, das – im Ostteil des fürstlichen Schloßgartens gelegen – im II. Weltkrieg schwer beschädigt und anschließend abgetragen wurde.

In jedem Handbuch nimmt seither die Allee einen wichtigen Teil ein. Franz X. Weilmeyr schreibt in seinem Führer von 1830: »Die erste Anlage der Allee, die von da anfängt, wo die Donau im Süden das Weichbild der Stadt zu bespülen beginnt, und beynahe, in einem weiten Bogen von einer halben Stunde, da gegen Osten beym Osten-Thore, in dessen Nähe der Strom die Stadt wieder verläßt, aufhört, verdankt die Stadt dem Fürsten von Thurn und Taxis zuerst und die weitere Ausführung dem Fürsten Dalberg. Diese Allee mag wohl den Mangel eines sogenannten englischen Gartens ersetzen, nur fehlt der Länge eine verhältnißmäßige Breite. Diese Anlage, die unter einer eigenen, (der Verschönerungs-) Kommission steht und größtentheils durch eine freywillige Subscription unterhalten wird, enthält alles, was Natur und Zunft vereiniget. Die obere Hälfte (der Allee) wird gewöhnlich häufiger und von der eleganteren Welt besucht, als die untere.«[8] Karl Bauer erwähnt in seiner einzigartigen Stadtmonographie, daß »davon vielleicht jene unglaubliche Bestimmung herrühren (mag), die noch in den Jahren des Ersten Weltkriegs Geltung hatte: das Alleestück zwischen Jakobstor und Maximilianstraße war für Kinderwägen nebst Begleitung gesperrt.«[9]

Die Bedeutung, die die Allee im städtischen Leben und weit darüber hinaus hatte, ist in dem Lob Franz von Paula Ertls in seiner »Kurzen Übersicht der vorzüglichsten Denk- und Sehens-Würdigkeiten« aus dem Jahre 1842 enthalten: »So herrliche Spaziergänge, wie sie Regensburg hat, findet man in ganz Teutschland nicht (...). Diese Anlagen werden durch freiwillige Beiträge der Bewohner Regensburgs alljährlich verschönert und erweitert, welches um so mehr Nachahmung verdient, da dadurch mehreren sonst brodlosen Menschen Beschäftigung und Nahrung zu Theil wird, während die an den Promenaden stehenden vielen Gärten am Werth immer mehr gewinnen.«[10]

Blieb die Stadt in ihrem äußeren Gefüge bis in die Mitte des 19. Jahrhunderts beinahe im Überkommen, so läßt sich diese Aussage auch auf das innere Gefüge übertragen. Man lebte mit der alten Bausubstanz, nur in den kurzen Jahren der Dalberg-Ära konnten wenige neue städtebauliche Akzente gesetzt werden.

Auch in der Biedermeierzeit hielt man an der traditionellen Einteilung der Stadt nach Wachten fest. Jedem dieser seit dem 12. Jahrhundert festgelegten Bezirke stand ein Wachtmeister vor mit verhältnismäßig weitreichenden militärischen und polizeilichen Vollmachten. Nach der 1794 durchgeführten Numerierung der Häuser wurde unter der Regierung Carl von Dalbergs am 1. Juli 1803 »eine verbesserte Wachteinteilung vorgenommen, die Numerierung der Häuser und Grundstücke verändert und berichtigt und jedem Eckhause der Name des Platzes und die Straße angeschrieben«.[11] Um die Zugehörigkeit zur jeweiligen Wacht zu kennzeichnen, wurden den acht seit dem Mittelalter existierenden Bezirken Großbuchstaben, die Litera, in der abgekürzten Form »Lit.« beigegeben (siehe Seite 2). Eine jede Wacht wurde innerhalb der Grenzen durchnumeriert, eine Kennzeichnung, wie man sie heute noch zusätzlich an den seit der Zeit um 1900 gebräuchlichen Hausnummerschildern sieht. Zu den Wachten A bis H kam 1806 als jüngste mit »Lit. J« die Feldwacht außerhalb der Stadtmauer hinzu, 1865 folgte Kumpfmühl als »Lit. K«.

Unter dem Titel »Von den Bestand-Theilen der Stadt« kommt Weilmeyr auf die Einteilung und den Zustand der Stadt zu sprechen. »Nicht überall stellt sich den Eintretenden das Bild einer schönen Stadt dar; öfters sind Plätze und Straßen nicht allezeit breit genug, und auch nicht gerade, zumal gibt es in der Mitte der Stadt sehr enge Gäßchen, daß kaum ein Wagen zum Fahren Raum genug hat. Uebrigens sieht man in den bessern Gaßen keine ganz schlechten Häuser, sondern ein besserer Baustyl verdrängt allmählig die ältern Häuser, die aber gewöhnlich nur 3 Stockwerke hoch sind und deren viele Durchgänge in andere Straßen haben. Die Stadt ist in 9 Wachten (Distrikte) eingetheilt; sie heißen A Westner- mit 257, B Scheerer- mit 98, C Wildwercher- mit 200, D Donau- mit 203, E Wahlen- mit 192, F Wittwanger- mit 179, G Pauluser- mit 160, H Ostnerer- mit 261 und

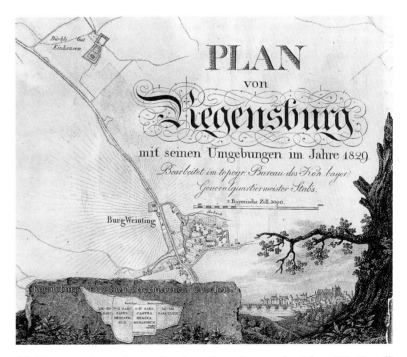

10 Plan von Regensburg mit seinen Umgebungen im Jahr 1829 (Detail)

11 Panorama vom Dreifaltigkeitsberg mit unvollendeten Domtürmen; Christian Ludwig Bösner, 1854

I Feld-Wacht mit 60 Häusern und nummerirten Gebäuden. Jeder Distrikt hat den obenbezeichneten Buchstaben und die Gebäude fangen allezeit mit Nro. 1 an, so, daß demnach die Stadt 1390 Wohn- und 300 Gebäude und 24 Kirchen zählt. Der zur Stadt gezogene Orts- Bezirk Kumpfmühl, eine ehemalige Hofmark der Karthaus Prül zählt ebenfalls noch 30 Häuser (...). Das Pflaster ist wegen des ungleichen Bodens und wegen der großen Steine für Fremde und Einheimische auf vielen Plätzen gleich unbequem, so wie daher zu wünschen ist, daß die Trottoirs allgemeiner werden möchten. Die nächtliche Beleuchtung erstrebt sich auch vor die Thore hinaus auf die frequenteren Wege und die Brücke.«[12]

Sämtliche Handbücher versäumen es nicht, dem Pflaster in den Straßen, wie schon oben angeführt, Aufmerksamkeit zu widmen. »Das Pflaster, wenigstens in den Hauptstrassen, ist gut, und für die Reinlichkeit ist durch die in den letzten Jahren vollführte Anlegung unterirdischer Ableitungskanäle Erspriessliches geschehen; dagegen lässt die nächtliche Beleuchtung Vieles zu wünschen übrig.«[13] Wie unterschiedlich diese Gegebenheiten empfunden werden können, zeigt eine ähnliche Klage: »Der ungleiche Boden und die Steine machen das Pflaster besonders für Fremde unbequem; allein der Magistrat hat bereits angefangen, auch diesem Uebelstande abzuhelfen, und unterhält auch auf seine Kosten sowohl in als außer der Stadt Nachts eine gute Beleuchtung.«[14]

In diesem Zusammenhang wird neben der »besonderen Eintheilung« der Wachten noch die »allgemeine« angegeben, nämlich in die obere und untere Stadt. Die Grenzscheide ist »der Bach, aus dem Weiher von Prüll kommend«, in der heutigen Bachgasse. »Dieses Bächchen, wovon sich noch ein Arm in andere Straßen zieht, ist von großem Nutzen. Bey entstehenden Feuerbrünsten verstopft man von der einen Seite seinen Abfluß und außen befördert man seinen Zufluß, welcher Zufluß auch bei Thauwetter geöffnet durch den Schwall des heranströmenden Wassers das zuvor aufgehauene Eis hinausschwemmt. Die Strassen in der Nähe des Baches sind daher sehr leicht reinlich zu erhalten, welches in den gangbaren Straßen auch wirklich der Fall ist, indem durch eigene Gassenkehrer der Unrath fortgeschafft

12 Panorama von der Seidenplantage mit vollendeten Domtürmen; Christian Ludwig Bösner, nach 1869

wird. Ueberhaupt trägt der Magistrat für Reinlichkeit und Verschönerung der Stadt große Obsorge.«[15]

Ein jedes »Handbuch« wendet sich mehrere Male an den Leser als »Lustwandler«. Die Entdeckung der die Stadt umgebenden Landschaft, für erbauliche Promenaden mit einer fröhlichen Einkehr, war noch ziemlich neu. Stets kehrt man in den Beschreibungen vom umgebenden Land mehrfach zur Allee zurück, die Fürst Carl Anselm »an Schönheit begründet« hatte und sich in der Folge »durch den ästhetischen Geist des edlen Regenten Fürsten Dalberg zu einem noch größeren Ansehen und Vollkommenheit« gewandelt hatte. In diesen Naturschönheiten konnte der »Lustwandler unter den Schatten dicht belaubter Bäume, prangender Linden, Kastanien, Akazien, Cypressen und Pappeln den balsamischen Blüthenduft ärnten«.[16] Man empfiehlt Spaziergänge auf den Unteren Wörth und in die engere Umgebung. »Zu diesem schönen Bereiche, so mit zu dem Stadtgebiet gehört, vereinigen sich nun auch auf west-, süd- und östlicher Seite die Bestandtheile von der Umgebung, welche in der Zeitfolge eine merkbare Veränderung erlitten. Man gewahrte nicht mehr die sonst so düstern Pforten der Stadtthore, – jene gefürchteten Bollwerke, nicht mehr die wüste Umgebung, woselbst früherhin auf dem dürren Moose das übige Natterngezüchte sich sonnte, Raben, Krähen und Eulen durch ihre Klagetöne die unangenehmsten Empfindungen erweckten; wo der Klagende einsam in Trauerleiber gehüllet, seinen Schmerz ausstöhnte, wo kein Zweig vor Sonnenbrand schütze, dem Müden kein Ruheplatz vergönnt, sondern dem Klugen trübe Erinnerungen an Begebenheiten aus der Vorzeit gewährten. – Alle diese düstern Ansichten sind verschwunden, dagegen für den Geist und Herz erhabene Gegenstände ans Licht gestellt.«[17]

1830 zählte die Stadt 4979 Familien und 18912 »Seelen«, wobei die Aufteilung der Bevölkerung von Interesse ist: »Hinsichtlich des Glaubens-Bekenntnisses theilt sich die Einwohnerschaft in 12 467 Katholiken, 6304 Protestanten, 12 Reformirte und 129 Israeliten; hinsichtlich des Standes aber in 1376 Bürger und 3603 Schutzverwandte und überhaupt nicht bürgerliche Familien. Die Männer verhalten sich zu den Weibern wie 6822:8314, die Knaben zu den Mädchen wie 1718:1761, die ehelichen

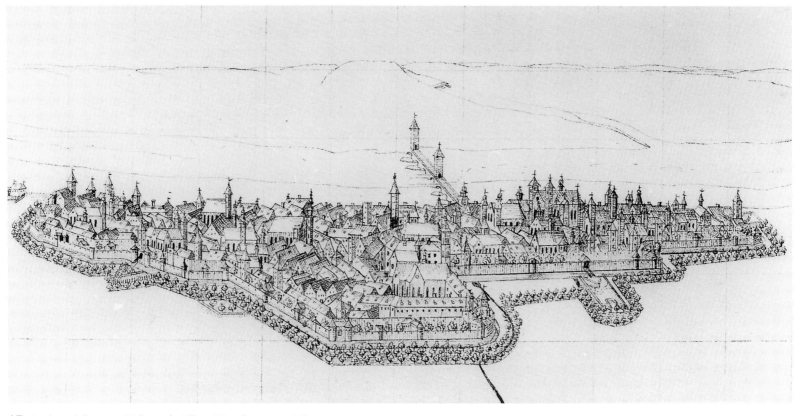

13 Stadtansicht von Süden mit Allee-Gürtel, um 1800/10

Geburten zu den unehelichen wie 594:207, unter den letztern sind jedoch auch jene zu nehmen, die in der Gebähr-Anstalt und bei den Hebammen geschehen und meist Auswärtigen angehören. Todtgeborne darf man 24, und Zwillingsgeburten das Jahr 11, so wie der Trauungen 104 annehmen. Ein hohes Alter über 80 Jahre ist hier nicht selten. Die Geborenen verhalten sich zu den Gestorbenen – worunter man jährlich 3 Selbstmörder, wozu die Donau gute Gelegenheit gibt, rechnen darf, wie 562:509; daher die Bevölkerung nicht sehr im Steigen ist, wie aus obenbesagten hervorgeht.«[18] Zehn Jahre später hat sich bei einem Anwachsen der Bevölkerung um 359 Personen das Verhältnis weiter zugunsten der Katholiken verschoben, sicher eine Auswirkung der Land-Stadt-Wanderung, einem Charakteristikum des 19. Jahrhunderts. Die 19271 Einwohner in ungefähr 5000 Familien teilen sich – ohne die sogenannte Militärbevölkerung – in 13155 Katholiken, 5971 Protestanten, 16 Reformierte, 7 Wiedertäufer und 122 Juden.[19]

Wie die Stadt im Ganzen ausgesehen hat, zeigen uns zwei riesige Panoramen von Georg Scharf aus dem Jahre 1847 (Abb. 14 und 15), die in der British Library in London aufbewahrt werden und hier erstmals der Regensburg-Forschung vorgestellt werden dürfen. Der Künstler Georg Scharf wurde 1788 im niederbayerischen Mainburg geboren. Nach dem Studium der Malerei in München, Antwerpen und Paris machte er in der englischen Armee die Schlacht bei Waterloo mit; 1816 ging er nach London, wo er 1833 Mitglied der angesehenen New Water Colour Society wurde. Am 11. 11. 1860 verstarb er in London-Westminster. Er hinterließ zahlreiche Ansichten von seinen Reisen nach Belgien und Frankreich sowie von London. 1845 unternahm er eine zweijährige Reise in seine alte Heimat, wovon sich zahlreiche Skizzen vor Ort und Panoramen von Mainburg und Regensburg erhalten haben.

Auf einer Länge von dreieinhalb Metern präsentiert Scharf »la nature à coup d'oeil« (die Natur auf einen Blick), wie Robert Barker sein 1787 angemeldetes Patent zur Erstellung und Errichtung von Panoramen nannte. Der akribisch festgehaltene Blick geht vom Turm des Gasthofes »Goldenes Kreuz«, in dem er logierte, über die gesamte Stadt bis zu der sie umgebenden Landschaft. Mit biedermeierlicher Detailfreude hält er Ziegeldecker und Gassenkehrer bei der Arbeit fest, zeigt er eine kleine Prozession und das geschäftige Leben auf der Schranne, dem Verkaufsplatz für Getreide, am direkt darunterliegenden Haidplatz. Kutschen, die eine oder andere sicher aus der Chaisen- und Wagenfabrik des Herrn Staffa, bahnen sich ihre Wege oder warten vor den Hauseingängen. Der Blick reicht vom Donauknie bei Winzer flußabwärts über den Dreifaltigkeitsberg und den Dom bis zu den Doppeltürmen von St. Jakob, ein Rundblick, der beinahe 360 Grad einschließt. Bei der zweiten Ansicht konzentriert sich Georg Scharf stärker auf die Ansicht nach Norden mit einem Blickwinkel von gut 180 Grad. J. J. Wiedenmann[20] schreibt 1818 in seinen »Wanderungen um Regensburg« anläßlich eines Besuches der Kolonie Ziegetsdorf beim rückwärtsgewandten Blick auf die Stadt: »Vor ihm lieget ein Gemälde, / Das kein Maler sich noch waehlte, / Reitzevoll und wunderschoen, / Wie ein Panoram zu seh'n.«

Über die riesigen Dachlandschaften – 1836 waren 1304 Häuser mit Platten und 357 mit Schindeln gedeckt – fällt der Blick bei beiden Ansichten zunächst auf die Donau mit regem Schiffsverkehr und sparsamer Randbebauung. Direkt unterhalb des völlig allein stehenden Wirtschaftsgebäudes der Seidenplantage oberhalb Pfaffensteins leuchtet der breit hingelagerte Bau der Lauser-Villa auf dem Oberen Wöhrd. Der riesige Baukomplex des Thon-Dittmer-Palais im Vordergrund leitet über zum Blick auf die Steinerne Brücke mit Stadtamhof und dem Dreifaltigkeitsberg; zwischen Rathausturm und Dom erkennt man leuchtendweiß in der Ferne die erst wenige Jahre zuvor feierlich eröffnete Walhalla. Der mächtige Turm der Neuen Waag ist anderthalbfach als Übergang dargestellt, damit sich die Stoßkante überlapp. Möglicherweise arbeitete Georg Scharf nach der Methode von Robert Barker, der empfahl, daß »der Maler eine feste Position einnehmen soll, jedes Objekt, das sich ihm während seiner Drehung darstellt, korrekt und zusammenhängend abzeichnen und die Zeichnung mit einem Übergang zum Anfangsstück beenden soll«.[21]

In der Fortsetzung des Rundblicks wird das Geschehen auf dem Haidplatz ebenso minutiös vorgestellt wie die vielzähligen Türme der Kirchen und Patrizierburgen, vom Goldenen Turm über St. Emmeram, Dreieinigkeitskirche und dem mächtigen Bauriegel der Dominikanerkirche bis zum Schottenkloster. Interessant ist die unterschiedliche Grundstimmung der beiden Panoramen. Bei dem kürzeren, das nicht ganz vollendet wurde, herrscht ein kalt-blauer, beim großen Panorama ein warm-gelblicher Grundton vor. Dies legt nahe, daß Scharf bewußt Morgen- und Abendlicht als Mittel der Inszenierung verwendete.

So scheint die Stadt, nun ganz an den Rand des großen Weltgeschehens gerückt, in sich zu ruhen. Ein letztes Lippenbekenntnis von König Ludwig I. klingt wie ein beruhigender Abgesang: »Regensburg hätte bei seiner vorteilhaften Lage an dem mächtigen Donaustrome mit seinem milden Klima der Regierungssitz der bayerischen Regenten bleiben sollen.«[22]

Martin Angerer

14 Großes Panorama vom Turm des Gasthofes »Zum Goldenen Kreuz«; Georg Scharf, 1847

15 Kleines Panorama vom Turm des Gasthofes »Zum Goldenen Kreuz«; Georg Scharf, 1847

16 Regensburg gegen Mittag
Heinrich Klonke, 1832

Der traditionelle Blick auf die Stadt war seit der Schedelschen Weltchronik am Ende des 15. Jahrhunderts der von Norden über die Steinerne Brücke. Heinrich Klonke hingegen wählte einen Blickpunkt vom Anstieg des Galgenbergs, so daß vor dem eigentlichen Stadtpanorama die neuangelegte Allee zu sehen ist und im Vorgelände einige Villen und das sogenannte Peterskircherl. Die idyllische Darstellung wird vervollständigt durch rahmende Laubbäume und eine Gruppe von Spaziergängern, von denen aber nur zwei Frauen das Panorama betrachten. Die miniaturhafte, intime Darstellung könnte aus einem Stammbuch oder Poesiealbum stammen, ein Eindruck, der durch das begleitende Gedicht verstärkt wird: »Wie manche Stunde floss im frohen Bunde / In Deinen Mauern mir dahin / Die Sehnsucht zog mich wieder in die Runde, / O Vaterstadt u. trauernd mußt ich zieh'n.«

17 Stadtansicht mit Treidelzug
Jakob Alt, 1826

Am Stadtamhofer Ufer liegen mehrere Zillen, auf der Mitte der Donau sieht man ein Ruderschiff auf der »Naufahrt«. Auf dem Uferstreifen erscheint die Reiterei eines Schiffzuges auf der »Gegenfahrt« mit den schweren Pferden, die oft aus dem Rottal stammten. Vorneweg erkennt man den Vorreiter, dessen Aufgabe es war, zu überprüfen, ob die Reiterei am Ufer durchkommt und die Schiffe stets genügend Wassertiefe vorfinden. Ein solcher Schiffzug konnte am Tag vier bis sechs Wegstunden, das sind maximal 20 Kilometer, zurücklegen.

DIE Stadt REGENSBURG   LA Ville de RATISBONNE

Vienne chez Artaria et Comp.

18 Die Stadt vom Unteren Wöhrd
Conrad Wießner, um 1830

Der im Wiener Verlag Dominik Artaria u. Comp. erschienene Stich verweist mit seiner deutschen und französichen Beschriftung eindeutig auf seinen Zweck als Souvenir. Gerade im Biedermeier entwickelte sich die Kultur, Erinnerungsstücke von besuchten Orten zu erwerben und sie mit nach Hause zu nehmen. Dazu zählen auch die mittlerweile wieder äußerst beliebten Ansichtstassen oder kleine Büchlein, die vor Ort auch als Führer dienen, wie das »Regensburger Vergißmeinnicht«. Das gegenüberliegende Ufer wird wasserseitig auf der gesamten Länge durch die Stadtmauer geschützt. Der Blick reicht vom Pulver- oder Anatomieturm über die beiden Salzstadel bis zum Brückturm. Auf der Uferpromenade wandelt ein Pärchen, eine Zille wird gegen den Strom gezogen, ein Mann hat sich mit seinem Hund im Schatten eines Baumes niedergelassen, um ein Buch zu lesen.

19 Stadtansicht von Nordwesten
Ferdinand Stademann, um 1840

Aus der Vielzahl der Stadtansichten aus der 1. Hälfte des 19. Jahrhunderts hebt sich diese durch die Rahmung mit biedermeierlichem und neugotischem Ornament ab. In dem Queroval der Ansicht geht der Blick über die Felsen und Häuser von Pfaffenstein mit einem Maibaum auf die Donau mit der dahinter sorgfältig aufgebauten Stadt. Auf dem großen freien Feld ein gewundener Weg mit Spaziergängern.

VUE DE RATISBONNE
côte du Nord.

20 Vue de Ratisbonne, côte du Nord
Hans Kranzberger, um 1830/35

Die von Joseph Lacroix in München gedruckte Ansicht zeigt die Stadt vom Gries aus gesehen. In der biedermeierlich gekleideten Figurenstaffage trägt ein Mann einen Sack auf dem Rücken, jagt ein Hund zwei Enten, raucht ein Fischer mit Kescher eine Pfeife. Der mächtige Bogen der Steinernen Brücke führt zur vieltürmigen Stadt am anderen Ufer der Donau.

VUE DE RATISBONNE
côte du Soir

21 Vue de Ratisbonne, côte du Soir
Hans Kranzberger, um 1830/35

Eine Personengruppe macht einen Spaziergang auf der breiten, unbefestigten Uferpromenade. Auf der Donau erkennt man einen sogenannten Kehlheimer und eine kleine Zille. Im Hintergrund sind die Türme der Stadt aufgereiht, die noch gänzlich erhaltene Stadtmauer mit ihren Türmen zieht sich entlang des Ufers bis zur Steinernen Brücke.

22 Regensburg von Westen
Schürch, um 1840

Der Stahlstich dient als Frontispiz der 1846 beim Regensburger Verlag Georg Joseph Manz erschienenen Publikation »Die Donau vom Ursprunge bis zu den Mündungen. Zugleich ein Handbuch für Reisende, welche diesen Strom befahren. Nach den verlässigsten Quellen von Adelbert Müller.« Hierzu paßt die Einleitung in diesem Donau-Führer:

»Wenn man hier (Maria Ort) vorbei ist, wird über der Ebene des rechten Ufers die altersgraue Masse des Regensburger Domes sichtbar – bald darauf auch das Gewühl der anderen Thürme und Gebäude. Wie der Ehrenkranz das Haupt des Jubilars, so umschlingen in üppiger Laubfülle Alleen und Gärten die Mauern der uralten Stadt.«

23 Gedenkblatt auf die Ankunft König Ludwigs I.
Johann Bichtel, 1830

Anläßlich der Grundsteinlegung zu der Walhalla verbrachte das bayerische Königspaar einen Tag in Regensburg. Mit festlichen Architekturbögen und Umzügen versuchte der Regensburger Magistrat, seine Treue zum bayerischen Vaterland auszudrücken, die so selbstverständlich nicht war. Auch Bichtel, der zahlreiche aktuelle Ereignisse wie Morde und Schiffsunglücke im Bild festhielt, findet hier eine Allegorie auf die treuen Regensburger Untertanen. Auf einen Altar, der auf dem Unteren Wöhrd plaziert ist, schüttet der Genius der Liebe aus seinem Füllhorn die Herzen der Regensburger, von wo sie, entflammt durch die am Boden kniende Hoffnung, zu einem Bild Ludwigs I. emporschweben. Am Festtag waren dem König von einer als Ratisbona verkleideten jungen Dame die Stadtschlüssel übergeben worden, worauf König Ludwig charmant antwortete: »Es bedarf der Schlüssel nicht, ich finde die Herzen der braven Regensburger alle offen.«

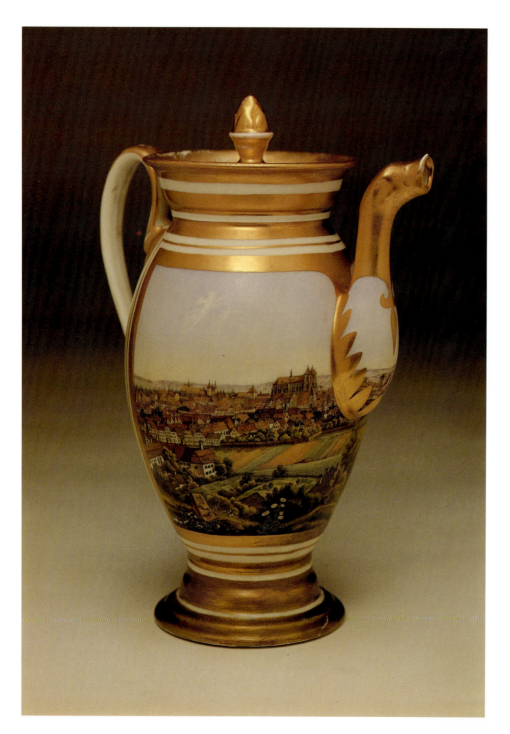

24 Kaffeekanne mit Stadtansicht
Adolf Schellenberg, 1845

Der gesamte eiförmige Kannencorpus ist mit einer Stadtansicht überzogen. Von dem bei Wanderern und Künstlern beliebten Aussichtspunkt auf den Winzerer Höhen geht der Blick donauabwärts vom Jakobs- bis zum Ostentor, direkt am Hügelfuß erkennt man Stadtamhof und Steinweg mit dem Waisenhaus.

Das Porzellanbild von Adolf Schellenberg, »nach der Natur gezeichnet und gemalt 1845«, zeigt eine derart überzeugende Qualität, daß er vermutlich auch an dem Auftrag für jenes Frühstücksgeschirr beteiligt war, das Königin Therese anläßlich der Walhalla-Grundsteinlegung 1830 von der Stadt als Geschenk erhielt. Ihre Dankesworte sind vom Chronisten Weilmeyr überliefert: »So schön auch alles ist, so werde ich es doch zum Gebrauche nehmen, um mich nur recht oft der frohen Tage in Regensburg erinnern zu können.«

25 Bäuerinnen in Oberpfälzer Tracht
Carl Friedrich Heinzmann, um 1825

Vor dem Hintergrund der Stadt Regensburg, auf den Winzerer Höhen, stehen drei Frauen in sogenannter Donaugauer Tracht, die in dem Gebiet um Wörth herum getragen wurde. Diese Tracht zeichnet sich durch einen roten Brustfleck mit Goldtressen, eine Jacke mit Koller und Schnürhaken, sowie einen gestreiften Rock mit rotem Band aus. Ein Haubentuch und gestrickte Strümpfe mit Zwickel vervollständigen sie. Die Frau mit dem Tragekorb trägt eine Alltagsschürze, die mit dem Gebetbuch eine plissierte Festtagsschürze. Die Darstellung der dritten Frau von hinten läßt vermuten, daß es sich bei diesem Bild nicht um ein Genrebild, sondern um eine möglichst genaue Wiedergabe der Tracht handelt. In der Tat spielt in den 20er Jahren des 19. Jahrhunderts die volkskundliche Erfassung der Trachten und ihre Wiederbelebung eine wichtige Rolle, so wie überhaupt das Interesse an der nationalen Volkskultur. Über das Trachtenverhalten der Regensburger schreibt Albrecht Christoph Kayser 1797: »Sonst hatten die Regensburger Bürger und Bürgerinnen eine eigene Kleidertracht, wovon die der Letzteren sehr kostspielig war, izt sieht man sie nur selten mehr und die meisten kleiden sich modisch.«

26 Rathausplatz
Johann Georg Ostermayr, um 1850

Der Maler wählte eine Ansicht des Rathauses, auf dem die gotischen Bauten westlich des Turmes nicht zu sehen sind, zugunsten der Darstellung des neuen Rathauses mit seiner barocken Risalitfassade. Bis 1810 stand unter dem Erker des Reichssaales noch das sogenannte Narrenhäuschen, eine Art eiserner Käfig, in welchen nächtliche Ruhestörer gesperrt wurden, eine Form von Justiz, die nicht mehr in das aufgeklärte Bayern paßte. Der bayerische Staat hatte dem ehrwürdigen Reichssaal allerdings eine neue Aufgabe zugewiesen, nämlich die öffentliche Ziehung der Lottozahlen, die bis 1861 hier stattfand.

27 Blick auf den Erker des Reichssaales
Unbekannter Künstler, um 1840/50

Der von den üblichen Ansichten abweichende Blick auf den Reichssaalbau wird vom Fenster des Vorraumes zum Kurfürstenzimmer gerahmt. Ganz nahe sieht man die beiden Portalfiguren »Schutz« und »Trutz«, im geöffneten Erkerfenster des Reichssaales drei Besucher. Schon in dieser Zeit ist er seiner früheren Pracht beraubt, »der Saal selbst ist ein schmuckloser leerer Raum, der von seiner frühern Ausstattung wenig mehr auf die Gegenwart gerettet hat«. Den belebten Platz begrenzen das Haus »Zum Goldenen Hirsch« und das berühmte Gebäude der Dollinger, erkennbar ist eines der beiden Gemälde, die den sagenhaften Kampf zwischen Dollinger und Krako an der Fassade dem interessierten Publikum zeigten.

28 Dollingersaal
   Carl Scharold, um 1850

Der Dollingersaal war einer der berühmtesten profanen Innenräume in Regensburg. 1889 wurde das dem Rathaus gegenüber liegende Haus abgerissen und der Saal nördlich an das barocke Rarthaus anschließend wieder aufgebaut.

29 Westlicher Abschluß der Ludwigstraße mit »Neuer Uhr«
Johann Georg Ostermayr, vor 1830

Die Ludwigstraße mündete früher nicht direkt in den Arnulfsplatz, sondern wurde von der oben dargestellten Baugruppe abgeschlossen. Ursprünglich stand hier das Ruozanburgtor, das Westtor der arnulfinischen Stadtmauer, später dann der Uhrturm mit dem anschließenden Giebelhaus. Im Laufe der Vorbereitungen für den Besuch König Ludwigs anläßlich der Walhallagrundsteinlegung wurde das Ensemble abgebrochen. »Eine Hauptstraße, welche das ganze Häuserchaos der Länge nach durchzüge und die Pulsader des Verkehrs bildete, fehlt gänzlich«, beschwerte sich Müller im »Regensburger Vergißmeinnicht«. Dieser Durchbruch und die schnurgerade Maxstraße blieben im 19. Jahrhundert zum Glück die einzigen Versuche, Regensburg stadtplanerisch modern zu gestalten.

30 Fischmarkt mit ehemaligem Fleischhaus
Adam Friedrich Wiedamann, um 1810

Bis zum Jahre 1890 stand an der Stelle des heutigen »Otto-Bades« das mächtige Fleischhaus, erbaut zu Zeiten Albrecht Altdorfers. Am äußersten linken Rand erkennt man noch das Wohnhaus Johannes Keplers. Die mit Bändern und einem Baum geschmückte helle Fassade gehört dem Gasthaus »Zum Weißen Ochsen«. Der Brunnen diente der Versorgung des Fischmarktes mit frischem Wasser. Die bekrönende Figur eines Geharnischten mit einem Delphin aus dem beginnenden 17. Jahrhundert mußte 1904 nach einer Beschädigung ersetzt werden.

31 Der Haidplatz
Hans Kranzberger, gestochen von Emil Höfer, um 1850

»Dem Römling nahe ist der Haidplatz. Er führt seinen Namen seit jenem großen Stechen unter König Heinrich I. dem Finkler (930), das der edle Dollinger aus altem Regensburger Geschlecht und dem Haiden Krako auf diesem Platz siegreich bestand.« Diese im 19. Jahrhundert häufiger anzutreffende Deutung hielt A. Niedermayer in seinem 1857 erschienen Werk »Künstler und Kunstwerke der Stadt Regensburg« fest, das anläßlich der 2. Generalversammlung des kirchlichen Kunstvereins von Deutschland in Regensburg erschien.

Der Platz, der vermutlich zu den ältesten in der Stadt zählt, leitet seinen Namen von der Heide ab, einem brachliegenden, mit Gesträuch bewachsenen Stück Land. Er war der Ort für die großen mittelalterlichen Turniere. Nach dieser glanzvollen Zeit diente er als Viktualienmarkt, ab der Zeit um 1825 für ein gutes Jahrhundert als Schranne, als Getreidemarkt. Auf diesem Stahlstich sieht man Händler und Käufer bei den gefüllten Getreidesäcken und Scheffelmaßen stehen und verhandeln. Im Hintergrund das Thon-Dittmer-Palais und der berühmte Gasthof »Zum Goldenen Kreuz«.

Das Zeughaus der ehemaligen Reichsstadt Regensburg.

32 Ehemaliges Zeughaus
Emanuel Oppermann, vor 1803

Das Zeughaus wurde 1803 für den Theaterbau abgerissen. Der damals noch Jakobsplatz genannte Ort war der Sammelpunkt des Bürgermilitärs aus der Westner- und Schererwacht. Der Artilleriebestand der Stadt Regensburg war bei der Übergabe an den Fürstprimas Dalberg schon bedenklich klein und lagerte in einem Stadel am Jakobsplatz, während das Zeughaus zum Verkauf stand. Das Bürgermilitär wurde gegen Ende des 18. Jahrhunderts vorwiegend für repräsentative Zwecke, zum Beispiel bei Einzügen hoher Würdenträger, aktiv tätig.

Über das Schicksal der städtischen Waffen zur Napoleonzeit berichtet der unbekannte Verfasser J.F.P. 1838: »Allein diese schönen und alten Kriegstrophäen mußten in der so schweren Kriegsepoche auf Requisition nach Frankreich, als den Sammelplatz aller geraubten Schätze wandern, und nur mit Mühe rettete man noch einige Kanonen aus den Klauen dieser Habsüchtigen, welche noch aufbewahrt und bei besonders großen Festlichkeiten benutzt werden.«

33 Theater
Karl Victor Keim, um 1860

Emanuel d'Herigoyen erhielt 1803 den Auftrag, Pläne für das »Neue öffentliche Theater- und Gesellschaftshaus« zu zeichnen. Bereits 1804 konnte das Gebäude, das anstelle des ehemaligen Zeughauses errichtet wurde, eröffnet werden. Dalberg subventionierte das Theater im Jahr mit 8000 Gulden. Für die nicht einmal 20 000 Einwohner der Stadt Regensburg eine gewaltige Leistung. Das Theater begriff damals jeder aufgeklärte Herrscher als Bildungsauftrag. 1810 übernahm der bayerische Staat auch diese Aufgabe, bis 1849 ein Großfeuer das Theater und Gesellschaftshaus vernichtete. Mit Hilfe eines Bürgerkomitees und einer Spende des Hauses Thurn und Taxis konnte das Gebäude wieder aufgebaut werden. 1859 ging das Haus in den Besitz der Stadt über. Im ersten Stock des Theaters befindet sich ein Redoutensaal, jetzt Neuhaussaal genannt, der ein wichtiger gesellschaftlicher Mittelpunkt im Biedermeier war. Den Wiederaufbau leitete der Fürstliche Baurat Karl Victor Keim, der diese Zeichnung anfertigte, die auch als Stahlstich Verbreitung fand.

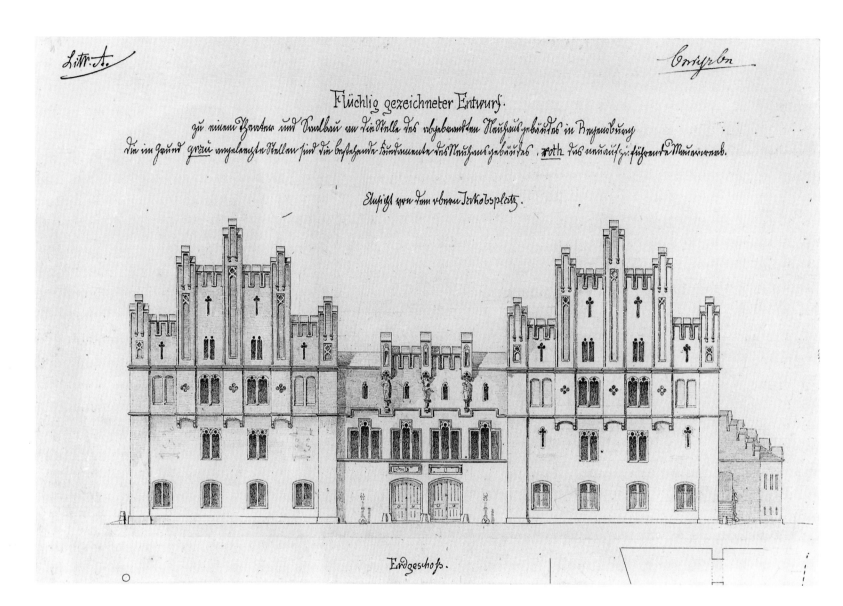

34 Entwurf für den Wiederaufbau des Theaters
Ludwig Foltz, 1851

Nach dem Theaterbrand 1849 war die Wiederherstellung wegen Geldmangels der Stadt Regensburg in Frage gestellt. Daraufhin gründete der Großkaufmann und Landtagsabgeordnete Neuffer mit dem Fürsten von Thurn und Taxis eine Aktiengesellschaft. Unter den 16 Mitunterzeichnern des Briefes befindet sich auch Ludwig Foltz. Von den beiden Entwürfen, die Foltz abgab, konnte keiner überzeugen. Offensichtlich fand man die klassizistische Fassade von Karl Victor Keim für ein Theater angemessener als die neogotische Variante mit den hohen Scheingiebeln. Im Innern hatte der Architekt eine durchaus traditionelle Raumaufteilung vorgesehen, die allerdings wieder mit reichen, gotisierenden Formen überzogen war.

35 Ehemaliges Finanzdirektionsgebäude
Heinrich Klonke, 1829

Das auch als Präsidialgebäude bezeichnete Haus ließ Fürstprimas von Dalberg von 1804 bis 1805 durch seinen Hofarchitekten und Landbaumeister Emanuel d'Herigoyen erbauen. Vorher stand hier der durch Stephan Fugger 1569 errichtete Getreidestadel mit dem städtischen Marstall. Carl von Dalberg ließ das Gebäude für den französischen Gesandten erbauen und besonders prächtig gestalten, da er ein großer Verehrer Napoleons war. Vor dem Gebäude erstreckte sich eine kurze, von Bäumen umsäumte Promenade in Richtung Oberer Jakobsplatz, wie der Bismarckplatz damals hieß, und dem Theater. Das Ensemble brachte zum ersten Mal den Klassizismus in reiner Form nach Regensburg.

36 Königlich Bayerisches Gymnasium
Georg Hamminger, um 1828

Das Gebäude wurde 1505 als reichsstädtische Lateinschule, sogenanntes »Gymnasium poeticum« gegründet und ist seit 1537 in der Gesandtenstraße gelegen. Nach dem Anschluß Regensburgs an Bayern erfolgte 1811 eine Zusammenlegung dieses evangelischen Gymnasiums mit dem katholischen Jesuitengymnasium St. Paul. Bis 1875 blieb es in den oben genannten Räumen und wechselte dann zum Ägidienplatz. Das heutige Albertus-Magnus-Gymnasium führt dessen Tradition fort. In das freigewordene Gebäude in der Gesandtenstraße zurück kam damals die ehemalige Bücherei des Gymnasium poeticum, die schon vorher mit der Rats- und Ministerialbibliothek zusammengelegt worden war. Der Ostteil des Gebäudes wurde von den Alumnen bewohnt, Stipendiaten des Rates, die dort freie Unterkunft und Verpflegung erhielten. Auch nach Gründung des königlichen Gymnasiums blieb das Alumneum weiter protestantischen Studenten vorbehalten. 1901 bis 1902 wurde dieser östliche Teil abgebrochen und nach Plänen von German Bestelmeyer neu gebaut.

Das Fürstlich Thurn und Taxis'sche Palais St. Emmeram in Regensburg.

37 Das Fürstlich Thurn und Taxissche Palais
vermutlich Joseph Reitmayr, um 1830

Seit 1812 residierten die Fürsten von Thurn und Taxis in den durch die Säkularisation freigewordenen Klostergebäuden von St. Emmeram. Hier ist noch der südliche Konventsbau sichtbar, an dessen Stelle im Jahre 1883 der neue Südflügel begonnen wurde. Im Vordergrund das Emmeramer Tor. Der quadratische Torturm aus dem 13. Jahrhundert und die halbrunden Türmchen seitlich der Barbakane sind gut zu sehen. Davor zeichnet ein Mann den ehemaligen Klostergarten.

38 Ägidiengang
Christian Ludwig Bösner, um 1850

Das Gäßchen führt vom Ägidienplatz bis zum ehemaligen Bauhof von St. Emmeram. Hier hat sich längs der Allee ein 150 Meter langes Stück Stadtmauer erhalten, dessen Turm aus dem 14. Jahrhundert stammt. Im Hintergrund ist das Gebäude, die ehemalige Deutschordenskommende, zu sehen, in der sich die Bleistiftfabrik Rehbach befand.

39 Fürstliche Reitschule in Regensburg
Heinrich Klonke, 1847

Im früheren Abteigarten von St. Emmeram begann Fürst Maximilian 1827 mit dem Bau des Marstalls und der Reitschule. Als Architekten konnte er den königlich bayerischen Hofbaurat Jean Baptiste Métivier gewinnen. Bei dem spätklassizistischen Dreiflügelbau liegt in der Mitte die Reithalle, seitlich davon die Marställe als dreischiffige Hallen. Das Portal wird bekrönt durch ein Relief Ludwig Schwanthalers. Die feierliche Eröffnung fand 1832 statt. Hosang schreibt über die Entstehung des Gebäudes: »Dieser Neubau beschäftigte 1830 eine Menge Menschen als Handlanger, die sich anderweitig kein Geld zu verdienen wußten. Darob war die ganze Einwohnerschaft froh; denn viele Sträflinge kamen ungebessert aus den Strafhäusern zurück und drohten schon lange, daß, wenn man ihnen keinen Verdienst verschaffe, sie sich alle Mittel erlauben würden, um nicht Hungers sterben zu müssen. So war eine Schar von überaus übermütigen und ruchlosen Menschen bei diesem Bau beschäftigt.«

40 Wahlenstraße
Johann Georg Ostermayr, um 1857

Die Wahlenstraße entspricht dem westlichen Abschluß des römischen Castrums und war seit jeher die Straße der reichen Kaufleute, deren repräsentative Bedeutung auch an ihrer Breite abzulesen ist, im Vergleich zum Beispiel mit der Kram- oder Tändlergasse. Die städtebauliche Bedeutung der rein mittelalterlichen Bebauung war im 19. Jahrhundert schon bekannt. Ostermayr hat auch ein Gemälde der Wahlenstraße angefertigt, auf dem man geschäftiges Treiben der Menschen und Fuhrwerke erkennen kann, während auf diesem Aquarell die Straße im Morgenlicht noch ganz unbelebt ist. Auf dem Ölbild hat der Maler im Hintergrund die Augustinerkirche abgebildet, die allerdings schon 1838, also rund zwanzig Jahre früher, abgerissen worden war, nachdem sich König Ludwig I. persönlich von der Baufälligkeit des Gebäudes überzeugt hatte. In der Augustinerkirche hatte sich die Grabstätte des Malers Albrecht Altdorfer befunden. Das Areal wurde an den in München lebenden Großhändler von Maffei verkauft und 1855 entstanden hier drei neue Häuser.

41 Neupfarrplatz
Monogrammist Cl. P., 1843

Der Neupfarrplatz war 1519 durch die Zerstörung der Judenstadt entstanden. Das sogenannte letzte Judenhaus ist links zu sehen, es wurde 1857 abgerissen. Die Neupfarrkirche ist rechts im Bild nur angeschnitten zu sehen, der Dom präsentiert sich noch ohne neogotische Türme. Am Eck zur Residenzstraße ist das Gebäude der ehemaligen Thurn und Taxisschen Briefpost zu erkennen, die schon 1811 an den Domplatz verlegt worden war. An der Nordwestecke ist die Engelapotheke zu sehen und auf Nummer 12 (nicht im Bild) mietete 1826 Friedrich Pustet eine kleine Wohnung mit Ladenraum und begann seine Verlagstätigkeit.

42 Neupfarrplatz mit Hauptwache
Georg Heinrich Speisenegger und Aegidius Touchemolin
gestochen von Georg Adam, gedruckt bei H. F. A. Augustin, 1808

Der hier dargestellte Aufzug der Landwehr vor der Hauptwache wird vom Drucker Augustin folgendermaßen beschrieben: »rechts die Hauptwache, an der sich eben die bürgerliche Artillerie, zur Ablösung von der Wache, in Präsentation aufgestellt hat, um der zu gleicher Zeit in Parade sich aufschwenkenden Abtheilung der Freikompanie zu Pferde die Honneurs zu machen ...« In Regensburg rekrutierte sich das Bürgermilitär aus den einzelnen Wachten, ergänzt durch Berufssoldaten, die die Stadt bezahlte. Diese auch in der Dalbergzeit aufrechterhaltene Wehrhoheit der Stadt fand 1810 ein Ende. Mit Eintritt in den bayerischen Staat wurde Regensburg zur Garnison ausgebaut.

43 Neupfarrplatz
Adam Friedrich Wiedamann, um 1830

Das kleine, farblich sehr ausgewogene Gemälde weicht von dem üblichen Blick ab, auf dem im Hintergrund der Dom zu sehen ist. Im Zentrum steht platzfüllend die Neupfarrkirche auf ihrem Sockel, den noch kein Geländer umläuft. Schmäler als in Wirklichkeit zieht sich der gepflasterte Weg in Richtung Gesandtenstraße über das Palais Löschenkohl bis zur Augustinerkirche. Man erkennt die Erweiterungsbauten aus den Jahren 1350 bis 1373, den Chor und den schlanken Glockenturm mit der Empore für die Stadtpfeifer. 1810 mußten die Mönche das Kloster verlassen, nach zeitweisen Nutzungen für militärische und schulische Zwecke wurde mit dem Abbruch am 2. April 1838 begonnen.

Im Vordergrund schreitet ein Mann mit Zylinder und Spazierstock zum Laden des Säcklermeisters J. A. Kellner, der Hosenträger und Handschuhe in den kleinen Schaufenstern ausstellt. Ein Junge hilft einer alten Frau beim Ziehen eines Wägelchens; rechts ein Soldat des königlich-bayerischen 4. Linien-Infanterieregiments, von dem 1810 zwei Bataillone in Regensburg stationiert wurden.

Dom zu Regensburg.

44 Der Dom St. Peter
Domenico Quaglio, 1820

»Unter den Sehenswürdigkeiten Regensburg's behauptet die erste Stelle der Dom zu St. Peter, ein Meisterwerk deutscher Baukunst, dessen Anblick Ehrfurcht und Bewunderung auslöst« (Regensburger Vergißmeinnicht). Bis zum Ausbau der Domtürme in den Jahren 1859 bis 1869 bestimmten die seit 1524 unvollendeten Turmstümpfe das Bild des Domes. Den Blick in den südlichen Domplatz begrenzt die Ulrichskirche, links bildet St. Johann den Abschluß. In einer Ecke des bevölkerten Platzes erkennt man den Petersbrunnen, der zu mannigfachen Auseinandersetzungen zwischen Domkapitel und Stadtmagistrat führte, erst zu Beginn unseres Jahrhunderts wurde er abgebrochen. Bis weit in das 19. Jahrhundert hielten sich die Krambuden, die sich an die Mauern von St. Johann anlehnten. Das Adreßbuch von 1840 führt noch »14 Verkaufsläden an der Johanneskirche« auf.

45 Blick vom Dom nach Osten
  Hans Kranzberger, 1832

An der Brüstung im Vordergrund lehnt ein Mann in altdeutscher Tracht, der Blick des Betrachters streift über die Türme des Niedermünsters, den Unteren Wöhrd und weiter donauabwärts bis zum Bräuberg, wo zwei Jahre zuvor der Grundstein zur Walhalla gelegt worden war. Nach Jörg Traeger beschrieb Josef Anselm Pangkofer in seiner zehn Jahre später erschienenen Publikation »Walhalla« denselben Blick; bei ihm lugte die Domarchitektur selbst hinaus »von da nach dem Sonnen gebärenden Osten ..., ein Bild der Erwartung«.

46 Westportal des Regensburger Domes
Ebenezer Challis, nach William Henry Bartlett, 1842

Dieser Stahlstich wurde für den Reiseführer »The Danube« von William Beattie angefertigt. Für den gebildeten Engländer war seit dem 18. Jahrhundert eine »Continental Tour« obligatorisch. So entstanden in diesem Land auch die ersten Reiseführer, darunter die berühmten »Redbooks«, in dessen Folge auch der von Beattie steht. Etwa zeitgleich begann auch Karl Baedeker mit seinen Publikationen und Thomas Cook organisierte seine ersten Gruppenreisen. Der Begriff Fremdenverkehr entsteht zu dieser Zeit und ist eng mit der Einführung der Eisenbahn verbunden, die das Reisen erheblich erleichterte. In Beatties Reiseführer sind auch die Folterkammer und das Treppenhaus im Alten Rathaus bildlich vertreten. Das hier dargestellte Baldachinportal des Domes ist mit ausgefeilter Licht- und Schattenwirkung sehr malerisch dargestellt. Die Marktweiber und die im Hintergrund stattfindende Prozession sind hier nicht nur Staffage, sondern gehören ebenso wie die Architektur zu den darstellungswürdigen Merkwürdigkeiten der Stadt Regensburg.

47 Interieur de la Cathédrale à Ratisbonne
Nicolas-Marie-Joseph Chapuy, um 1835/40

Auch bei auswärtigen Besuchern stand ein Besuch des Domes an erster Stelle. Die Personen bewegen und geben sich in dieser Innenansicht, als ob sie sich auf einer schattigen Promenade befinden würden. Der nach Westen gerichtete Blick bietet die Ansicht des purifizierten Domes, der Zurückführung in »den ersten Stand der Einfachheit«, wie sich König Ludwig I., der auch Glasfenster stiftete, äußerte. »Dieses merkwürdige Tempelgebäude erhielt in der Folge der Zeit in dem innern Raum nach und nach verschiedene Einrichtungen und Verzierungen, wodurch das erhabene Ansehen der Baukunst etwas verdunkelt, und hinters Licht gestellt wurde. Um nun dieses Ansehen wieder zu erhöhen und seine natürliche Gestalt und Größe zu geben, erfolgte nach dem allerhöchsten Willen und ästhetischen Geiste des kunstliebenden Königs Ludwig die Wegnahmen jener Zierden und eine innerliche Restauration, besonders durch neugemalte Glasfenster, welches den Glanz von neuem verherrlichet.«

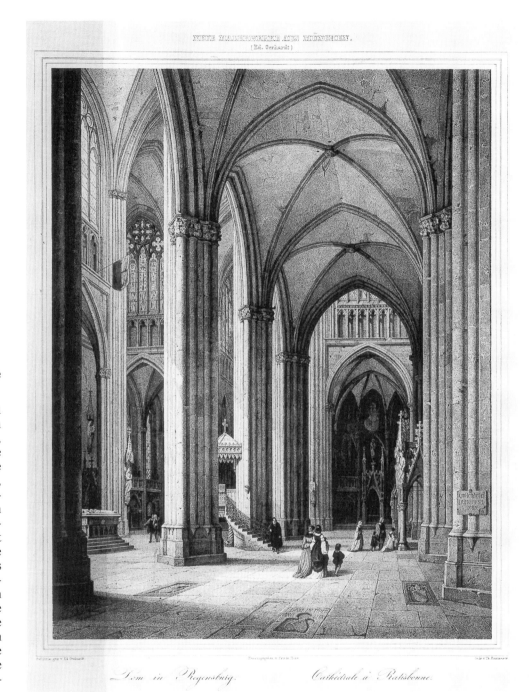

48 Im Domgarten
Domenico Quaglio, 1816

Zwischen südlicher Außenwand des Domkreuzganges und Nordfassade der Ulrichskirche blickt der Maler nach Osten auf den Südturm des Niedermünsters. Im Vordergrund befindet sich die Totenleuchte des ehemaligen Friedhofs. Wandelnde Mönche und zwei Kinder vervollständigen das stimmungsvolle Bild. Interessant ist, daß hier auch die herberen Formen der Ulrichkirche als malerisch empfunden wurden und nicht nur der filigrane Zauber des hochgotischen Domes. Daß der Ort auch von anderen als besonders idyllisch betrachtet wurde, beweist ein Brief Clemens von Brentanos an Apollonia Diepenbrock 1832: »Man kann zwischen lauter Altären und dem hl. Sakrament und heiligen Gebeinen Früchte essen und Blumen brechen. Wie schön still kann dieser Garten gepflegt werden, zwischen lauter heiligen Umgebungen, ein paar Schritte zu den offenen einsamen Kapellen und Kirchen.«

49 Hallertor
   Johann Georg Ostermayr, um 1830

Das Hallertor befand sich zwischen St.-Georgen- und Hunnenplatz, über der Ausfallstraße nach Osten. Es hatte schon im 14. Jahrhundert durch die Stadterweiterung seine Funktion verloren und diente nur noch als Träger einer Uhr, die ein Bürger namens Haller 1542 gestiftet hatte. Nach mehrfachen Umbauten wurde das Tor 1868 abgebrochen. Ungewöhnlich ist die Darstellung Regensburgs im Schnee. Aus Polizeiverordnungen zu der Zeit weiß man, daß die Schlitten Glöckchen tragen mußten, damit man sie auf dem gedämpften Untergrund auch hören konnte.

50 Goldene Bärenstraße
Johann Georg Ostermayr, um 1830

Blick auf die Nordseite der Goldenen Bärenstraße, kurz vor dem Fischmarkt. Zu erkennen ist der Brunnen am Wiedfang, das ehemalige Gasthaus zum Weißen Ochsen und das ehemalige Zunfthaus der Hafner mit seinen abgeschrägten Zinnen. Interessant ist die rechts dargestellte, früher allgemein übliche Kelleröffnung zum Be- und Entladen der Waren. Ostermayr hat hier den malerischen Reiz der Regensburger Straßen eingefangen. Daß dies nicht von jedermann so empfunden wurde, beweist eine Textstelle in Niedermayers Kunstführer 1857: »Winkelige Straßen, finstere Plätze und zusammenbrechende Wohnungen … Regensburg ist keine schöne Stadt mehr.«

51 Blick auf die Dorotheenkapelle
Hans Kranzberger, 1849

Die Kapelle gehörte bis 1891 zum Anwesen Frauenbergl 2, einer ehemaligen Domherrenkurie, mit der es seit der Renaissance durch eine Arkadenloggia verbunden war. Die Kapelle wurde im II. Weltkrieg zerstört und 1953 bis 1954 wiederhergestellt. Die ganze Anlage geht auf die Zeit um 1250 zurück, die Kapelle im Kern auf das 14. Jahrhundert.

52 Maximilianstor
Heinrich Klonke, 1829

Die Maximiliansstraße ist auf dem Ruinenfeld errichtet, das durch den Krieg Napoleons gegen die Österreicher entstanden ist. Der Wiederaufbau geht schon auf den Befehl Dalbergs zurück, der das Gebiet »Napoleonsquartier« nennen wollte. Die Umbenennung bezieht sich auf die neue Mitgliedschaft im bayerischen Königreich. Die Ausrichtung der Straße wurde durch das 1808 errichtete Keplerdenkmal, als Point de vue, bestimmt und nahm keinerlei Rücksicht auf die frühere Bebauung, wofür der Hofkommissär Freiherr von Weichs ausdrücklich eintrat. Das Keplerdenkmal wurde beim Bau des Bahnhofs versetzt. Den südlichen Abschluß der Straße bildet das Maxtor, bei dessen Planung man den Münchner Architekten Carl von Fischer hinzuzog. Eine ähnliche Abschlußbebauung wählte man auch für die Hauptstraße in Stadtamhof. Das westliche Wachhaus wurde 1889 für den Neubau des Parkhotels Maximilian, das östliche erst 1955 abgerissen.

53 Maximiliansstraße
Johann Nepomuk Liebherr, 1811

Diesen Entwurf zeichnete der Regensburger Maurermeister Liebherr. Die Häuser sind nahezu gleichförmig in den einfachsten Formen geplant. Aus der Legende erfährt man, daß in der ehemaligen Karmelitenkirche sich ein neu errichtetes Hallamt befand und in dem Bretterschuppen vor der Alten Kapelle eine neue Waage.

54 Das Jakobstor vor und nach seiner Umgestaltung
Johann Michael Amler, 1824

Auf dem Blatt dargestellt ist das Jakobstor von Westen vor und nach der Umgestaltung. Gegen 1820 war aufgrund des schlechten Bauzustandes eine Instandsetzung des Tores notwendig geworden. Aus dem fortifikatorisch nützlichen Gebäude wurde eine Durchfahrt gestaltet und zwar zum ersten Mal in Regensburg im neogotischen Stil. Als 1903 die Trambahn gebaut wurde, mußte der Bogen zwischen den Türmen abgerissen werden.

55 St. Jakob
Heinrich Klonke, 1832

Nach dem Dom und dem Alten Rathaus war das Portal von St. Jakob, am Westende der Stadt gelegen, das meistbesuchte Ziel der Besucher der ehemaligen Freien Reichsstadt. 1830 beschreibt es Weilmeyr in seinem Büchlein: »Die Kirche mit ihren 2 Thürmen hat nichts ausgezeichnetes, desto merkwürdiger ist das Portal mit seinen vielen und grotesken Figuren, egyptischen Hieroglyphen und Arabesken.« Weitaus treffender formuliert es Adelbert Müller in seinem »Vergißmeinnicht«: »Vorzüglich erregt die Bewunderung der Alterthumsfreunde ihr ganz im Charakter des byzantinischen Styles mit rätselhaften Menschen- und Thiergestalten verziertes Portal ... An Reichthum der Skulpturen kann kein anderes gleichzeitiges Portal in Deutschland sich mit diesem messen.«

56 Wohnhaus Albrecht Altdorfers
Christian Ludwig Bösner, um 1850

Dieses Anwesen in der Weitoldstraße mußte 1909 einem Anbau der Kreuzschule weichen. Altdorfer besaß noch ein Haus in der Bachgasse, das er wohl im Winter benutzte. Bösner hinterließ uns die einzige Zeichnung dieses Hauses, das der Maler und Ratsherr Altdorfer 1532 gekauft hatte. Das Anwesen reichte bis zum Nonnenplatz und wurde zum beliebtesten Aufenthalt des Malers. Wahrscheinlich hat er den zweigeschossigen Bau und seine Nebenflügel mit den geschweiften Renaissancegiebeln selbst entworfen.

57 »Die Porzellain-Fabricke zu Regensburg«
Heinrich Klonke, 1828/29

1803 wird Johann Heinrich Koch vom Magistrat, »von landesväterlichem Eifer beseelt, Industrie und Wohlstand in der guten Stadt Regensburg ... zu fördern«, der Bau einer Porzellanfabrik auf dem Zwingergelände bewilligt. Wie bei vielen anderen Bauten dieser Zeit stammt der Entwurf zu dem palaisartigen Fabrikations- und Wohngebäude von Emanuel d'Herigoyen. Nach mehreren Zwischenbesitzern übernimmt 1829 der Regensburger Johann Heinrich Anton Schwerdtner die Manufaktur, die unter seinem Sohn Otto bis 1869 besteht. Wie florierend der Betrieb gewesen sein mag, läßt sich daran ablesen, daß im Adreßbuch des Jahes 1835 alleine 35 Porzellanmaler eingetragen sind. Den rechten Abschluß des Platzes bildet das »Württembergische Palais«, das beinahe zeitgleich mit der Porzellanfabrik im Auftrage des Thurn und Taxisschen Hofrates Georg Friedrich Müller, ebenfalls nach Plänen d'Herigoyens erbaut wurde.

58 Schiegenturm
Johann Georg Ostermayr, 1851

Das Bild stellt den Schiegenturm mit Stadtmauer und Wehrgang bei der Brunnleite dar. Seit 1812 wird die donauseitige Befestigung der Stadt nach und nach abgebrochen. Der systematische Abbruch erfolgte nach 1859.

59 Ostentor
Johann Heinrich Beik, vor 1840

Das Ostentor, das um 1300 über der nach Wien führenden Ausfallstraße errichtet wurde, zählt zu den besterhaltenen in Deutschland. 1840 wurde das Torwachthäuschen im neogotischen Stil wiedererrichtet und ersetzte einen mittelalterlichen Vorgängerbau. Beide Häuschen fehlen auf dem Bild sowie auch die am Turm angebrachte Uhr. Bis in die erste Hälfte des 19. Jahrhunderts war dem Ostentor landseitig ein Waffenhof vorgelagert, zu dem auch ein Pulverturm gehörte, dessen Reste in die Gartenumbauung der Königlichen Villa integiert wurden.

60 Königliche Villa
Entwurfszeichnung von Ludwig Foltz, 1854

»Die Liebe der Stadt hat sie dem geliebten König Maximilian II. erbaut. Ein herrlicher Bau nach alter guter Art, in dessen Räumen es sich königlich wohnt«, schrieb Niedermayer 1857, als das Gebäude gerade ein Jahr alt war. Der König selbst hatte den seit 1837 in Regensburg ansässigen Architekten und Bildhauer beauftragt, das Gebäude im sogenannten Maximilianstil, der seine Ausprägung in der Maximilianstraße in München gefunden hatte, zu erbauen. Als Standort wählte man die ehemalige Ostenbastei, deren mittelalterliche Stadtbefestigung in den von Karl Effner gestalteten Garten einbezogen wurde. Neben dem Ausbau der Domtürme ist es das einzige Gebäude von Bedeutung, das in Regensburg im neugotischen Stil erbaut wurde. Über die Lage der Villa schreibt Niedermayer: »Ein herrlicher Anblick thut sich auf von den luftigen Prunksälen des Königsbaues. Zu Füßen liegt die greise tempelreiche Stadt, zu Seiten strömt die Donau in stiller Majestät, fruchtbare Ebenen erfreuen ringsum. Ein Stück Weltgeschichte hat hier gespielt. Wer zählt die Schlachten, die vor den Thoren der Stadt geschlagen wurden? Hier modern Gebeine der Krieger vom Nordland, vom Westen und Osten.«

61 Die Steinerne Brücke mit dem Dom
Johann Heinrich Hintze, um 1830

Die in einem »heißen Sommer« des Jahres 1135 begonnene und bereits elf Jahre später fertiggestellte Steinerne Brücke war in den zurückliegenden achteinhalb Jahrhunderten stets das unverwechselbare Wahrzeichen der Stadt Regensburg. Für lange Zeit war sie der einzig befestigte Donauübergang zwischen Ulm und Wien. Das um 1830 entstandene Aquarell von J. H. Hintze zeigt einen Blick stromabwärts vom Oberen Wöhrd mit der stark frequentierten Brücke und dem Dom als rechten Abschluß. An beiden Seiten der Donau sind Ruderboote, Kehlheimer oder Gamsel genannt, vertäut.
Von höchstem Interesse ist die über das gesamte Geschoß reichende Darstellung eines Elephanten an der Außenmauer des Hauses Am Wiedfang. Das noch im Adreßbuch von 1872 »Zum Schwarzen Elephanten« benannte Gasthaus hatte seinen Namen von dem sensationellen Ereignis der erstmaligen Präsentation eines Elephanten in der Reichsstadt im Jahre 1629. Eduard Mörike berichtet von seinem Regensburger Besuch 1850, daß er eigens mit einer befreundeten Familie zum Bischofshof gefahren war, um einen Elephanten zu sehen, »auf den alles begierig war«. Das Aquarell stammt aus der Sammlung der bayerischen Prinzessin Elisabeth, die 1823 den preußischen Kronprinzen und späteren König Friedrich Wilhelm IV. heiratete. In der für das Biedermeier typischen Manier des »Souvenirs« legt sie eine 5000 Blatt umfassende Sammlung an, die sie an ihre bayerische Heimat erinnerte.

62 Ansicht der Steinernen Brücke vom Oberen Wöhrd
Heinrich Elsperger, 1821

Das auf einer Steinplatte »HE fecit 1821« bezeichnete Blatt gibt eine sehr detailgetreue Ansicht des Beschlächtes und der Steinernen Brücke wieder. Im Vordergrund richten Männer Bretter und Baumstämme her, um damit die Uferbefestigung auszubessern. Mittels einer Leiter sind Handwerker und Fischer auf das Beschlächt von der Brücke herabgestiegen. Donauabwärts erkennt man nach der kompakten Baumasse des Domes den Römerturm und die Türme der Karmeliten- und der Niedermünsterkirche. Neben dem Amberger Stadel eine Mühle und der Rundturm des Ohmwerks.

63 Der Obere Wöhrd
Theobald Christoph Friedrich, um 1800

In der Lieblstraße auf dem Oberen Wöhrd ließen viele wohlhabende Bürger Gartenhäuser errichten, unter anderem auch Georg Friedrich von Dittmer. Er gab 1795 den Auftrag für den Bau der abgebildeten klassizistischen Villa mit chinesischem Pavillon, wo rauschende Feste mit lauschigen Gondelfahrten gefeiert wurden. Das Ganze war umgeben von einer romantischen Gartenanlage mit Sandsteinbüsten, deren Herstellung hier möglicherweise dargestellt ist.

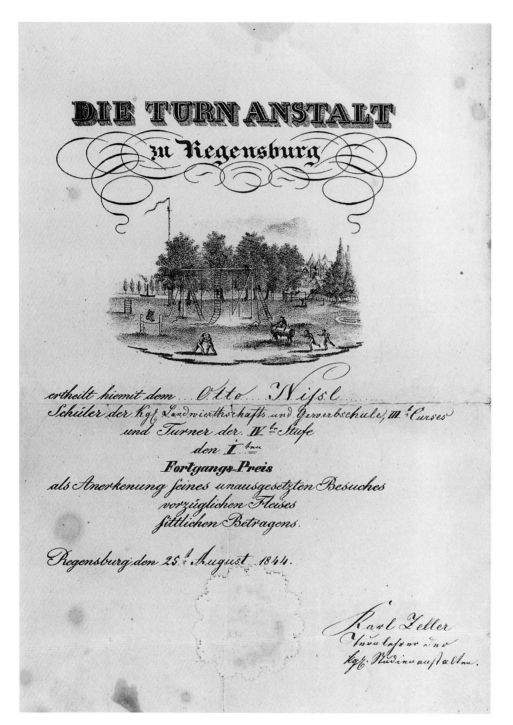

64 Die Turn-Anstalt
Unbekannter Künstler, 1844

Die Darstellung ist Teil einer Urkunde, die ein Schüler der Landwirtschafts- und Gewerbeschule 1844 gewonnen hat. Zu dieser Zeit gehörte Turnen bereits zum festen Bestandteil des Schulunterrichts. Das war nicht immer so. Nach dem Wartburgfest 1817 wurden sowohl die Burschenschaften als auch die Turnvereine verboten, mit deren Gründung der legendäre Turnvater Jahn das Deutschtum stärken wollte. Aus Angst vor diesen politischen Tarnvereinen wurden auch die Turnplätze gesperrt und das Turnen in der Schule verboten. Die hier dargestellte Turnanstalt befand sich wahrscheinlich auf dem Unteren Wöhrd. Zumindest gab es an dieser Stelle offenbar einen Badeplatz, wie aus einer Verordnung von 1848 hervorgeht: »Bei dem Beginn der Badezeit wird Nachstehendes zur Kenntnis gebracht: die allgemeinen Badeplätze in der Donau sind auch heuer wieder a) an der sogenannten Kuhwiese b) am untern Wörth zwischen dem Nachwächterhäuschen und der Schreinerlände. Diese Badeplätze sind mit aufgestellten Stangen bezeichnet und es befinden sich dabei auch Ankleide-Schuppen.«

65/66 Gärten an der Stadtmauer
Unbekannter Künstler, um 1830

Die beiden kleinformatigen Gouachen zeigen die Situationen an der Stadtmauer im südöstlichen Bereich, bei der heutigen Von-der-Tann-Straße 26 und Am Königshof. Vor dem äußeren Mauerring sind im Graben säuberlich Gemüsebeete angelegt und Obstbäumchen gepflanzt. Auch in der Zone des Zwingers scheinen sich Gärten zu befinden, wie man an dem Rosenbogen und den Spalieren erkennen kann. An der Stelle der vorgelagerten Fortifikationen des Dreißigjährigen Krieges entstand ab 1779 die Allee. Erst unter König Maximilian II. wurde 1858 die Niederlegung der mittelalterlichen Mauer genehmigt.

67 Der Meierhof »Sophiental« im Stadtgraben
Fürst Karl Alexander von Thurn und Taxis (?), 1814

»Und nachdem Wir ersehen haben, welche vorzügliche Freude alle ländliche Beschäftigung Derselben verursachen, so haben Wir beschlossen hiezu einen vollkommen eingerichteten Mayerhof errichten zu lassen, zu instruiren und in Pacht zu geben«. Diese Formulierung stammt aus einem Pachtvertrag, den Fürst Karl Alexander von Thurn und Taxis mit seiner Tochter Sophia Dorothea am 15. Mai 1814 geschlossen hat. Die sprichwörtlich biedermeierliche Idylle, die in einer kolorierten und mit »Gez. vom Alten« signierten Abbildung dem fingierten Vertrag beigegeben wurde, befand sich wohl im ehemaligen Stadtgraben bei St. Emmeram. Der Umfang des Meierhofes wird genauestens beschrieben: »bestehend in einem Kühstall mit zwey Kühe, nebst 2 stolze Kühe ..., eine Milchkammer, ein Hühnerstall mit 15 Hühner, ein Weyher mit 2 Enten, eine Dungstelle ...« Als jährlichen Pachtschilling verlangt der Fürst von seiner Tochter »während Unseres hiesigen Aufenthaltes täglich eine halbe Maas Rahm zum Frühstück«. Auf der beigefügten Vignette ist wohl Sophia Dorothea mit einer Milchschale dargestellt. In einem Gedicht bedankt sie sich:

> »O Vater O Mutter ja, nun errath ich die Fee,
> Es ist ja heute der fünfzehnte May.
> Empfangt, edle Geber, die perlende Thräne
> die heiß mir über die Wange rollt,
> Und mein innigster Dank Euch zollt.
> Mein ist also das kleine Elysium! Mein!
> Wer kann wohl froher und beglückter seyn«.

68 Gartenpalais »Theresiens Ruhe«
Heinrich Klonke, 1829

Nachdem Kaspar Graf von Sternberg die Entlassung durch den Erzkanzler Carl von Dalberg gewährt wurde, pflegt er verstärkt seine Privatinteressen. Er schreibt wissenschaftliche Abhandlungen, hält Vorlesungen über die Physiognomie der Pflanzen und betrachtet mit dem Reichenbachschen Sehrohr von einer Plattform auf dem Dach die Sterne. In seiner von ihm verfaßten Biographie beschreibt er dieses ausgefüllte Leben: »Botaniker kamen, sich Pflanzen zu holen, gingen in die Bibliothek, sie zu bestimmen, wo Freund Felix ihnen die Bücher schaffte. Baron von Löw zeichnete mit Meisterhand Blumen, seine Frau saß daneben und schrieb, die Kinder tobten im Garten und mein kleines Patchen wurde zum Dessert gebracht und mit Erdbeeren gefüttert. Diesen Sommer genoß ich so recht eigentlich das Erntefest meiner glücklichsten Tage in Regensburg …«

Nach dem Tode seines Bruders 1808 muß er zurück an die Moldau, um das Erbe anzutreten, endgültig verläßt er Regensburg 1810. In Prag gründet er, als Krönung seines Lebens, das »Vaterländische Museum der Nationalliteratur und Nationalproduktion«, dessen erster Präsident er wird. Bereits 1806 hatte er Garten und Palais an Carl von Dalberg verkauft, der ihm weiterhin die volle Verfügung gewährte. Als am 23. April 1809 die von den Österreichern besetzte Stadt vom napoleonischen Heer im Sturm genommen wird, werden Palais und Garten schwer verwüstet.

Nachdem der Besitz mit der Übergabe Regensburgs an das Königreich Bayern gefallen war, konnte es 1813 Fürst Karl Alexander von Thurn und Taxis (1770–1827) für 6000 Gulden erwerben. Mit hohem finanziellem Aufwand ließ er das Gebäude sanieren und zum Sommerschloß für seine schöne und hochgebildete Gemahlin Therese (1773–1839) umbauen. Die von Sternberg angebrachte griechische Inschrift »Das Schöne in Verbindung mit dem Guten« ersetzte er durch »Theresiens Ruhe«. Auf der sonnenlichten Ansicht von Heinrich Klonke promenieren Bürger vor dem Gartenpalais. Nach einer abermaligen Zerstörung 1945 wurde es 1949 abgetragen.

69 Kaspar Graf von Sternberg
Martin Joseph Bauer (?), um 1807

»Der gütige Himmel hat mir einen offenen Sinn für Natur- und Kunstschönheiten erteilt«, mit diesen Worten charakterisiert sich Kaspar Graf von Sternberg selbst. Er war im Fürstentum Regensburg unter Carl von Dalberg Vizekanzler, seine große Liebe gehörte jedoch den Naturwissenschaften, vornehmlich der Botanik. Hierzu hatte ihm Graf Bray, der Präsident der Botanischen Gesellschaft geraten, da sie »die angenehmste der Naturwissenschaften« sei. 1806 gelingt ihm die Gründung einer Naturwissenschaftlichen Akademie und die Anlage eines privaten botanischen Gartens, der weit über die Grenzen Regensburgs hinaus Beachtung fand.

1804 läßt er sich, südlich des Peterstores, nach Plänen des Venezianers Giannantonio Selva durch Emanuel d'Herigoyen ein Gartenpalais errichten. Das kleinformatige Gemälde zeigt Graf von Sternberg inmitten seines von ihm angelegten Gartens mit seinem Schoßhündchen im Arm, im Hintergrund erkennt man die Rückseite seines Palais.

70 Ansicht des »Kepplerschen Monuments«
Heinrich Wilhelm Ritter nach Joseph Franz von Goez, 1808

Am Geburtstag von Johannes Kepler, dem 27. Dezember 1808, wurde das ihm zu Ehren errichtete Denkmal eingeweiht. Wie bei vielen Vorhaben dieser Zeit waren die beiden maßgeblichen Personen, nämlich Carl von Dalberg und Kaspar von Sternberg, beteiligt. Auf dem Weg vor dem Monopteros mit der Büste Keplers sieht man Sternberg in ein Gespräch vertieft mit Emanuel Joseph d'Herigoyen und Pater Placidus Heinrich von St. Emmermam, der als Physiker und Astronom an der Hochschule wirkte. Möglicherweise stammen von ihm Anregungen, die in den Entwurf des Hofarchitekten eingeflossen sind.
Links vom Denkmal erkennt man in der idealisiert dargestellten Landschaft die Mauer des Petersfriedhofes, auf dem Johannes Kepler nach seinem Tode am 15. November 1630 bestattet wurde. Die Figurengruppe im Vordergrund zeigt vermutlich die Familie des Malers Joseph Franz von Goez, der sich in dieser von ihm gezeichneten Darstellung verewigte. Nach den Zerstörungen des Jahres 1809 bildete das Kepler-Denkmal den Point de vue der neu- und prachtvoll angelegten Maximilianstraße. Als Regensburg 1859 endlich Anschluß an das Eisenbahnnetz bekam, stand das Denkmal der direkten Zufahrt zum neuen Bahnhof im Wege; nach langwierigen Verhandlungen entschloß man sich zur Verlegung nach Westen an die heutige Stelle.

Ansicht des Fürstlich Thurn und Taxischen Monuments zu Regensburg.

71 Allee mit Obelisk und »Theresiens Ruhe«
Johann Bichtel, nach 1813

»Hiesige Kaiserl. freye Reichsstadt Regensburg, hat in diesem 1779ten Jahr eine ausserordentliche Zierde erhalten, da des Hoechtsansehlichen Kaiserlichen Herrn Principal-Commissarii bey E. Hochloeblichen Reichsversammlung, Fuersten Carl Anselm von Thurn und Taxis, Hochfuerstliche Durchlaucht, aus Hoechsteigener Bewegung mildest geruhet haben, auf Hoechst Dero eigene Kosten einen zu beyden Seiten mit Baeumen besezten anmuthigen Spaziergang, oder eine sogenannte Allee, ausserhalb der Stadt-Mauern, von dem St. Jacobs-Thore an bis an das Osten Thor anlegen und nach Hoechst Dero Namen benennen zu lassen.«

Mit diesen Worten wurde, anläßlich der Widmung einer Gedenkmedaille der Stadt an Fürst Carl Anselm 1779, eine epochale topographische Leistung gewürdigt: der Beginn eines Grüngürtels an der Stelle der ehemaligen Bastionen, der durch Carl von Dalberg fortgesetzt wurde. Er war es auch, der ihm zu Ehren den Obelisken nach einem Entwurf Emanuel Joseph d'Herigoyens errichten ließ. Auf dem Kupferstich von Bichtel sieht man flanierende Spaziorgänger in der Kleidung des Biedermeier vor dem gleichzeitig mit dem Obelisk angelegten Oval aus Kastanienbäumen und Pappeln, im Hintergrund erkennt man das Gartenschlößchen »Theresiens Ruhe«. In zahlreichen Publikationen der Zeit werden die »herrlichen Promenaden« als die »Hauptzierde Regensburg's« bezeichnet.

72 Denkmal für den Freiherrn Heinrich Carl von Gleichen
Unbekannter Künstler, um 1807

Von Gleichen war ein bekannter Diplomat und Philosoph, der sich aufgrund seiner engen Beziehungen zu Dalberg in Regensburg niedergelassen hatte. 1807 wurde in der Allee, in der Nähe der Helenenbrücke, das Denkmal aufgestellt, dessen Entwurf möglicherweise von d'Herigoyen stammt. Angeblich saß der Freiherr an dieser Stelle der Allee am liebsten, wo er zahlreichen Bedürftigen spendete. Die Sphinx mit dem geometrischen Zeichen in der Hand geht auf eine philosophische Schrift von Gleichens von 1791 zurück: »Metaphysische Ketzereien oder Versuch über die verborgensten Gegenstände der Weltweisheit und ihre Grundursachen.«

DENKMAL
des Grafen von Goerz-Schlitz
zu
Regensburg

73 Denkmal für Johann Graf von Schlitz-Görtz
Carl Heinzmann, nach Leo von Klenze, 1822

1821 war der ehemalige Diplomat von Schlitz-Görtz in Regensburg gestorben. Er hatte beim Reichstag 1801 zur Ratifikation des Friedens von Lunéville den Abzug der französischen Truppen aus der Stadt erwirkt und nach Auflösung des Immerwährenden Reichstags seine alten Tage in Regensburg verbracht. Schon sieben Monate nach seinem Tod rief die Harmonie-Gesellschaft im »Wochenblatt« dazu auf, für den beliebten Bürger ein Denkmal zu errichten: »Ein Denkmal von dieser Bedeutung einem so wahrhaft würdigen Gegenstande geweiht, und aufgestellt in dem befruchtetsten Tempel der Natur, wird uns an einen Edlen erinnern und uns aufrichten zum Guten, während es Zeugnis giebt von unserer Dankbarkeit und unserem Sinne für wahre Größe und Tugend!« Für die Errichtung des Denkmals im Alleengürtel konnte man Leo von Klenze gewinnen, den Erbauer der Walhalla, die Büste fertigte Ludwig Schwanthaler an. Nachdem einer seiner Diener infolge einer Erkältung verstorben war, ließ Graf Schlitz-Görtz in der Allee kleine Rindenhäuschen zum Schutz vor schlechtem Wetter aufstellen, die noch bis zum Zweiten Weltkrieg existierten.

BAHNHOF ZU REGENSBURG.

Verlag von Alfred Coppenrath in Regensburg.

74 Bahnhof zu Regensburg
Unbekannter Künstler, um 1860

Regensburg erhielt erst verhältnismäßig spät Anschluß an das Schienennetz. 1859 fuhren erstmals zwei Züge aus München und Nürnberg in Regensburg ein. Das erste Bahnhofsgebäude wurde von dem Architekten Heinrich Hügel gebaut, in den Jahren von 1888 bis 1892 wurde ein Neubau errichtet. Der Bahnhofsvorplatz ist mit einer Parkanlage geschmückt, und eine Straße führt als Verlängerung der Maximilianstraße vor das Loggienportal des Mittelgebäudes. Durch den Bahnhof weitete die Stadt sich verkehrstechnisch nunmehr in eine andere Richtung aus. War früher die häufigste Richtung, um in die Stadt zu gelangen, von Norden über die Steinerne Brücke, so lagen dort in der Nähe auch die wichtigsten Gasthäuser, zum Beispiel das »Weiße Lamm« oder das »Goldene Kreuz«. Gegen Ende des 19. Jahrhunderts entstanden Häuser wie »Zum Grünen Kranz«, »Hotel Karmeliten« oder das »Hotel Maximilian«, die sich mehr auf die mit der Eisenbahn Reisenden einstellten.

Schießgraben in Regensburg.

75 Schießgraben
Heinrich Klonke, 1839

Bei dem dargestellten Gebäude handelt es sich um das ehemalige Schießhaus der Pürschbüchsengesellschaft auf dem Platz »Unter den Linden« beim Zugang zum heutigen Stadtpark. Es ist nicht zum Verwechseln mit dem Pistolenschießhaus, dem heutigen Figurentheater. Fast vier Jahrhunderte übten die Regensburger Feuerschützen auf dem Platz Unter den Linden, was, wie man auf dem Bilde sieht, auch mit geselligen Zusammentreffen verbunden war. Das abgebildete Gebäude wurde im 18. Jahrhundert erbaut und, kurz bevor Klonke es malte, umgebaut. Heute ist es in den Komplex der Ostdeutschen Galerie integriert. Daß die Regensburger geradezu schießwütig waren, belegt eine Polizei-Erinnerung im »Intelligenzblatt« 1810: »Durch die Polizeyverordnung vom 4. April 1803 ist bereits das Schießen auf den Promenaden und in einem Umkreis von 300 Schritten um die Stadt herum (mit Ausnahme der Schießstätte) untersagt worden, da durch dasselbe Gefahr und Schrecken für die Vorübergehenden entstehen kann. Da man in Erfahrung gebracht hat, daß seit einigen Tagen verschiedene Personen sich erlauben, in den Alleen um die Stadt herum und unter den Linden mit Windbüchsen nach Vögeln zu schießen, dieses aber für die Vorübergehenden gefährlich ist: so wird obiges Verbot hiermit in Erinnerung gebracht.«

76 Das Vogelschießen zu Regensburg
Heinrich Adam, 1824/25

Seit dem Mittelalter gehörte das Schützenwesen zu den festen Bestandteilen des gesellschaftlichen Lebens der Stadt. Im Jahre 1509 wurde die Trennung zwischen Armbrust- und Feuerschützen vollzogen. 1599 beschloß der Rat der Stadt, daß nur derjenige Bürger von Regensburg werden kann, der eine Schußwaffe und einen Schützenhut sein eigen nannte. Da die Verteidigungskraft der Stadt sehr stark vom Zustand des Schützenwesens abhing, wurde dieses stets gefördert. So wird 1441 das Geschenk des Rates, für jeden ein Paar Hosen, als herkömmlich bezeichnet.

Der gemeinsame Übungsplatz befand sich auf dem Anwesen »Unter den Linden«, nach den Zerstörungen des Dreißigjährigen Krieges bekam die Armbrustschützengesellschaft »Zum großen Stahl« ihr noch heutiges Domizil im Stahlzwingerweg, die Pürschbüchsengesellschaft blieb bis zum Bau des neuen Schützenheimes im Westen 1907 auf dem angestammten Gelände.

Große Schützenfeste waren stets beliebt und zogen sich manchmal über drei Tage hin. Die Lithographie zeigt das Vergnügen der Gesellschaft beim Vogelschießen, in biedermeierlicher Kleidung vergnügen sich Jung und Alt auf dem parkähnlichen Gelände. Zwischen den Bäumen ist auf einer hohen Stange der Vogel angebracht, auf den geschossen wurde. 1985 wurde das Schießhaus der Pistolenschützen saniert und dient seitdem als Figurentheater.

77 Deutsches Sängerfest von 1847
Unbekannter Künstler, 1847

»In Fried' und Streit, ein Lied ist gut Geleit«. Unter diesem Motto, das sich auf allen Festbauten wiederfand, richtete der 1837 gegründete »Regensburger Liederkranz« das große Sängerfest aus, das vom 25. bis zum 27. Juli 1847 stattfand. Alle Tore und wichtigen Gebäude, z. B. der Rathausturm, waren mit Kränzen, Gewinden und »viel hundert Fähnlein, Flaggen und Wimpel« geschmückt. »War's doch schier, als ob des versunkenen Reichs Gesandte wieder einzögen, um zu tagen und zu dingen auf dem alten Rathhause, oder als ob der Kaiser wieder wollte Hoflager halten«, hält der Eintrag im »Erinnerungsbuch« fest. Die Schützen hatten ihr Gelände im heutigen Stadtpark zur Verfügung gestellt. Nach den Plänen des Architekten Ludwig Foltz, der zusammen mit Hans Kranzberger Mitglied im »Liederkranz« war, wurde die zentrale Festhalle aus Holz errichtet. Sie bot 1300 Leuten Platz, dies war auch nötig, kamen doch 80 Vereine zu diesem Fest, von dem man vier Jahrzehnte später immer noch sprach. Hinter dem Stadtwappen zieht sich eine Stadtansicht hin, wie bei einem mittelalterlichen Flügelaltar rahmen das geschmückte Brück- und Jakobstor die zentrale Darstellung. Über allem thront der doppelköpfige Reichsadler mit einem dreifachen »Einig«. Der Spruch bekundet die vaterländische Gesinnung im Jahr vor der Revolution von 1848: »So lang ein deutsches Lied noch braust / und wo ein deutscher Säbel saust / Sei's dir zur Ehr und dir zur Wehr. / Mein Vaterland!«

THOR VON STADTAMHOF.

78 »Thor von Stadtamhof«
Johann Gabriel Friedrich Poppel, um 1850

Die streng perspektivisch angelegte Ansicht über die Hauptstraße mit dem Tor als nördlichen Abschluß endet in der Kirche auf dem Dreifaltigkeitsberg. Alle zeitgenössischen Führer versäumen es nicht, das große, herrliche Panorama zu rühmen, das sich von diesem Belvedere bietet. »Zur Kriegszeit hatte die Stadt meistens dieselben Schicksale, wie ihre grössere Nachbarin, und so theilte sie auch 1809 mit ihr das Loos der Zerstörung, indem die Oesterreicher, um ihren Rückzug nach Böhmen zu decken, sie in Brand steckten. 95 Wohnungen loderten damals in Flammen auf« (Regensburger Vergißmeinnicht). Mit den Pylonen des Nordtores und den ebenfalls 1825 erbauten Basargebäuden am Fuß der Steinernen Brücke bildet die neu erbaute Hauptstraße ein qualitätvolles Ensemble.

79 Steinweg mit Dreifaltigkeitskirche
Unbekannter Künstler, um 1840

Die blaue Traube im Wappen des ehemaligen Marktes verweist auf den regen Weinanbau an den Hängen des Dreifaltigkeitsberges. Nach Karl Bauer gab es 1813 noch zwölf Weinzierln, 1844 nur noch zwei. Dem allgemeinen Trend folgend, in dem das Bier den Wein ablöste, entstanden die beliebten Sommerkeller mit ihren Biergärten am Fuß des Berges. Im Vordergrund erkennt man hinter einer Baumreihe das Waisenhaus St. Peter. Diese Stiftung des Weihbischofs Langwerth von Simmern (1717–1741) war ausschließlich für katholische Knaben bestimmt.

Der Blick in die Hauptstraße zeigt ein biedermeierlich gekleidetes Paar mit Schirm beim Spaziergang und eine Pferdekutsche, die in den Ort fährt. Auf dem Hügelrücken thront die Dreifaltigkeitskirche, links erkennt man den Einschnitt des Schelmengrabens.

80 Aufstieg zum Schelmengraben
Christian Ludwig Bösner, 1853

Der Schelmengraben ist ein Verkehrsweg, der wohl schon in keltische Zeit zurückreicht. Das Unheimliche, das diesem Weg von jeher anhaftete – der Name Schelm läßt auf einen hier lebenden Abdecker schließen –, hat Bösner durch dunkle Farben und verwitterte alte Bäume dargestellt. Fast mahnend ragt ein Wegkreuz in den Himmel. Ein Mann mit einem hochbeladenen Tragekorb ist im Begriff, den Berg zu ersteigen, während ein anderer Mann mit einem Kind zu den Ufern der Donau hintergeht. Im Gegensatz zu dem düsteren, verwunschenen Vordergrund hebt sich im Hintergrund der Regensburger Dom und das Niedermünster leuchtend ab. Möglicherweise kannte Bösner die Textstelle aus dem Leben des hl. Emmeram von Arbeo von Freising, in der ein Pilger beschrieben wird, der nach langer Wanderung durch unwegsame Landschaft endlich die Stadt erblickt, und er »stieg den Pfad zu dem Anlegeplatz am Fluß hinab«, schon damals durch eben diesen Weg.

81 Schützenscheibe mit dem Dampfschiff »Ludwig I.«
Unbekannter Künstler, 1840

Am 10. Februar 1837 wurde auf der Werft auf dem Unteren Wöhrd mit dem Bau des ersten Dampfschiffes begonnen, bereits am 25. August war der Stapellauf. Auf Anfrage hatte König Ludwig I. bereits »die Gnade erwiesen, daß das erste Dampfschiff den Namen des erhabenen Monarchen führen dürfe«. An ihrem Geburtstag, dem 15. Oktober, taufte Königin Therese das Schiff auf »die feyerlichste und imposanteste Weise«. Drei Monate später notierte Ludwig I., »daß so etwas unerhörtes nie wieder im Königreich Bayern geschehe, daß Geistliche zweyerley Religionen ein Schiff weihen, sey es zusammen oder nacheinander«. Sechs Tage nach der Taufe trat man zur ersten ausgedehnten Probefahrt mit dem Ziel Linz an, das erste Tagesziel Passau wurde nach neuneinhalb Stunden erreicht. Für die erste Fahrt nach Donauwörth benötigte man stromaufwärts exakt 27 Stunden 43 Minuten, stromabwärts 7 Stunden 13 Minuten.

82 Besuch König Ludwigs I. auf der Seidenplantage
Mathias Hechler, 1839

Das »Regensburger Vergißmeinnicht« führt bei den Wanderungen in der Umgebung an: »Von hier (der Dreifaltigkeitskirche) auf dem Rücken des Berges fortwandelnd, gelangt man zu der sehenswerthen Plantage der Gesellschaft zur Beförderung der Seidenzucht in Bayern, deren weitläufige Anlagen eine nach der nordfranzösischen Methode eingerichtete Magnanerie umschliessen.« Regierungspräsident Eduard von Schenk schreibt in einem Brief vom 11. Oktober 1838 an König Ludwig I., der Hauptaktionär der Gesellschaft war, daß »die beim diesjährigen Oktoberfest ausgestellte sowohl rohe als bereits gesponnene und gefärbte Seide aus Regensburg ... allgemeinen Beifall und gänzlichen Absatz gefunden (hat)«. Regensburg war als Zentrale für die Seidenraupenzucht in ganz Bayern ausersehen, zeitweise wurden über 50 Filialen mit Maulbeerbäumen und Seidenraupen beliefert.

Auf der Kreidelithographie des Regensburger Künstlers Mathias Hechler ist der Besuch König Ludwigs I. am 13. August 1839 dargestellt. Zusammen mit dem Regierungspräsidenten von Schenk und dem Direktor der Gesellschaft Anton Ziegler besuchte er die anläßlich des hohen Besuches beflaggte Plantage, über die er sich zufrieden äußerte. Der Anfangsoptimismus hielt jedoch nicht lange an; um die Zwangsversteigerung abzuwenden, wurde auf der Generalversammlung von 1861 der freihändige Verkauf beschlossen.

83 Auf der Straße nach Winzer
Unbekannter Künstler, um 1830

Die Gouache vermittelt einen Blick donauaufwärts mit der vielbefahrenen Straße nach Nürnberg. Fuhrwerke und Kutschen begegnen Fußgängern, in Tracht gekleidet, die Frauen mit Körben auf dem Rücken. Im Vordergrund die Gaststätte »Alte Mauth«, zu der vom gegenüberliegenden Ufer an der Schillerwiese eine Fährverbindung bestand. Im Hintergrund erkennt man das Dorf Winzer, an dessen Hängen der schon beinahe legendäre »Baierwein« geerntet wurde. Noch um 1850 konnte die Hälfte der Einwohnerschaft des Dorfes vom Weinbau leben. In der Biedermeierzeit gehörten für die Regensburger Spaziergänge nach Winzer und auf den Winzerer Höhen zu den schönsten Ausflugszielen.

84 Winzer bei Regensburg
Eduard Gerhard, gestochen von Johann Gabriel Friedrich Poppel, um 1850

»Ziehet man nun sein Augenmerk auf die nördliche Donauseite, so präsentirt sich eine Bergkette, welche in früherer Zeit mit Wein bebauet, späterhin aber in Fruchtfelder umgewandelt wurde und an dessen Fuße das niedliche Dörfchen Winzer lieget, so ebenfalls für den Lustwandler ein Vergnügungsort, und die spiegelnde Donau Gelegenheit zu Wasserfahrten darbietet«, schreibt der noch unbekannte Autor »J. F. P.« 1838 in seiner Denkschrift »Ratisbona in alter und neuer Gestalt«. Die Hänge hinter der Kirche St. Nikolaus sind in einer Überzeichnung geradezu alpin dargestellt, wie sie J. R. Schuegraf in seiner 1846 erschienenen Schrift über den Ort vorstellt: »Die Anhöhen dieser Winzerberge erheben sich nämlich an manchen Orten gerade aus des Stromes Tiefen empor. Vor 400 Jahren vermochte jenseits der Donau kaum ein Gamsjäger zum Ziele zu gelangen ...«

85 Mariaort
Johann Matthias Otto, 1844

Das miniaturhafte Aquarell trägt folgende Widmung: »Seiner talentvollen und fleißigen Schülerin gewidmet von ihrem Zeichenlehrer Otto.« Auf der Donau sieht man zwei mit mehreren Damen und Herren besetzte Zillen, bei denen es sich wohl um Ausflugsboote handelt. Von Bäumen umgeben liegt die Kirche da, links ist der Kalvarienberg zu sehen. Verglichen mit einer früheren Ansicht sind über dem Kalvarienberg wesentlich weniger Bäume auszumachen. 1818 dichtete J. J. Wiedenmann: »Es ruft nicht mehr der Glocken Läuten/Von Ferne fromme Waller her/Verödet ist der schöne Tempel./Und leer Mariens heilig Haus,/Es trägt des Zeitgeist's schlimmen Stempel,/Er blies auch hier die Lichter aus.«

86 Etterzhausen
Johann Georg Hämmerl, um 1800

Die große aquarellierte Ansicht des Kallmünzer Künstlers zeigt den beliebten Ausflugsort, am Übergang der alten Straße nach Nürnberg über die Naab gelegen. Das Schloß mit dem überzeichneten Turm und der dazugehörige Gutshof, die von 1799 bis 1845 im Besitz der Familie von Thon-Dittmer waren, setzen die Dominante. In allen Führern des 19. Jahrhunderts wird der Ort auch aufgrund einer weiteren Attraktion ausgeführt: »Von Maria-Orth im Thale aufwärts gehend, gelangt man zuerst nach Etterzhausen, einem Schlosse mit schönen Gartenanlagen, dann zur romantischen Räuberhöhle, welche die Natur in der Form eines hohen Runddomes in den Felsen gewölbt hat.«

87 Landgut Stegenhof im Laabertal
Unbekannter Künstler, um 1840/50

Das »Gravenreuthische Landgut Stegenhof im Laaberthal bei Deierling« zeigt sich als stattlicher Landsitz, der es mit den benachbarten Hammerschlössern aufnehmen kann. Der zweispännige Landauer mit dem Gravenreutherschen Wappen am Wagenschlag bringt anscheinend die Familie auf das Gut im Hintergrund, zu dem eine junge Allee und eine Brücke führen. Man bekommt eine gute Vorstellung von der Beschaffenheit der Landstraße, der Hauptverbindung zwischen Regensburg und Nürnberg.

Das »Vergißmeinnicht« rühmt: »Das Laberthal, wegen seines romantischen Charakters von den Städtern häufig durchwandelt, macht sich auch durch seine zahlreichen Mühlen, Hammerwerke und Fabriken bemerkenswerth. Die Forellen und Krebse der Laber werden von den Feinschmeckern als Leckerbissen gerühmt. Ein angenehmer Fusspfad, das Ufer der Laber entlang über Wiesen sich hinschlängelnd, führt von hier nach der sehenswürdigen Maschinen-Papierfabrik des Buchhändlers Pustet in Regensburg.«

Schloß-Prüfening.

88 Schloß Prüfening
Joseph Reitmayr, 1830

Die Lithographie stammt aus dem Buch »Regensburg und seine Umgebungen« von Franz Xaver Weilmeyr. Nach der Säkularisation wurde das »Schloß-Prüfening« zu einer der beliebtesten Ausflugsgaststätten des Biedermeier. Der Klostergarten wurde zu einem öffentlichen Park umgestaltet, eine schattenspendende Pappelallee bis zum Jakobstor war für die Spaziergänger angelegt worden. Dort standen auch Wagen bereit. Als besondere Attraktion der Ausflugsgaststätte erwähnt Schuegraf eine Kegelbahn. Gut läßt sich hier auch die typische Kleidung der Zeit um 1830 erkennen. Die Frau trägt ein schlichtes weißes Kleid mit tiefem Schulterausschnitt und am Rocksaum einen Volant, darüber ein wollenes Umschlagtuch und einen breiten Strohhut. Der Mann trägt enge Steghosen, einen Gehrock und Zylinder sowie ein zierliches Stöckchen.

89 Dechbetten
Joseph Reitmayr, 1830

Auch diese Lithographie ist dem Buch »Regensburg und seine Umgebungen« von Franz Xaver Weilmeyr entnommen. Hinter einer Idylle mit Mutter und Kind liegt Dechbetten inmitten von Wiesen und Büschen. Der Ort ist von Südosten gesehen, und neben der Kirche befindet sich der »versunkene Turm«, ein beliebtes Malermotiv im 19. Jahrhundert, das auch Eduard Mörike mit seiner Schwester Clara aufgesucht hatte. Der Turm ist wohl der Rest eines gotischen Adelssitzes, der 1869 abgerissen wurde. Dechbetten gehörte zu den beliebtesten Ausflugszielen im Biedermeier. Im Hintergrund sieht man die »Gloriette«, ein wahrscheinlich von d'Herigoyen erbautes Sommerhäuschen, auf dem Hügel zwischen Dechbetten und Prüfening gelegen.

90 Karthaus-Prüll
Heinrich Klonke, 1829

Das 997 gegründete Benediktinerkloster wurde 1484 von Nürnberger Karthäusern übernommen und 1803 säkularisiert. Während der Schlacht im Jahr 1809 befand sich hier das Hauptquartier der französischen Streitkräfte. Nach Napoleons legendärer Beinverletzung wurde er zunächst in Pürkelgut notversorgt, um dann eine Nacht in der Karthause zu verbringen. Das Kloster gehörte damals dem pensionierten Thurn und Taxisschen Stallmeister Friedrich Müller, der dort eine Landwirtschaft betrieb und sich bitter über die Plünderungen der Soldaten beklagte. Wie man auf dem Bild sieht, war Prüll ein beliebtes Ausflugsziel, bevor es 1834 der Bezirk Oberpfalz erwarb und zur Pflegeanstalt für Geisteskranke machte.

91 Schankwirtschaft »St. Niklas«
Unbekannter Künstler, 1835

Im Mittelalter besaß die Stadt zwei Aussätzigenspitäler außerhalb des Mauerringes, St. Lazarus im Westen, im heutigen Stadtpark, und St. Niklas im Osten, an der heutigen Adolf-Schmetzer-Straße, das wohl im ersten Drittel des 13. Jahrhunderts erbaut wurde. Die heutige Form geht zurück auf den Wiederaufbau 1642 nach der Zerstörung im Dreißigjährigen Krieg. Bis zur Säkularisation gehörte es zum Stift Niedermünster, 1808 kaufte es der Bierbrauer Johann Christoph Lehr. »In der Biedermeierzeit befand sich dort eine Schankwirtschaft, zu der die Regensburger gerne ihren Spaziergang lenkten und sich bei Bier, Kaffee und kalten Speisen gütlich taten« (K. Bauer).

92 Pürkelgut
Heinrich Klonke, 1829

Das 1728 von Johann Jakob Pürkel neu erbaute Gut lag gerade noch im städtischen Burgfrieden. In der Biedermeierzeit wurde das Gut als Ausflugsziel sehr beliebt, nachdem der damalige Besitzer Heinrich Hartmeier 1829 das Braurecht erworben hatte und Gäste bewirten durfte. 1849 besuchte auch Eduard Mörike das Gut, denn sein Bruder war Verwalter des nunmehr den Thurn und Taxis gehörenden Anwesens. Schuegraf beschreibt den Garten mit seinen schattigen Bäumen und Statuen, nicht aber die Möglichkeit zu einer Kahnpartie, die Klonke hier zeichnete. Weiter gibt er über den Vergnügungsort folgende Auskunft: »Jetzt beginnt im Schloß wieder lockende Musik, leer werden plötzlich Sitze und Bänke, Arm in Arm eilt alles dem Schlosse zu, und im Wirbel bewegt sich dort die muntere Jugend.«

93 Weichs
Christian Ludwig Bösner, um 1850

Blick auf das Weichser Schloß, eine Vierflügelanlage der Renaissance, und die von Herzog Max I. errichtete Weißbierbrauerei. 1799 hatte der bayerische Staat das Schloßgut aufgelöst und die Grundstücke der ehemaligen Hofmark in kleine Parzellen unterteilt und an Siedler verkauft. Hierbei handelte es sich um Gärtner, die den fruchtbaren Schwemmboden bewirtschaften sollten. Später spezialisierten sich diese besonders auf den Rettichanbau. Links sind einige der typischen, damals entstandenen Siedlungshäuser zu sehen. Bei der Kirche im Hintergrund handelt es sich um St. Georg in Schwabelweis.

94 Der Tegernheimer Sommerkeller
  Georg Weidmann, 1865

Als krönenden Abschluß des Sängerfestes von 1847 wurde die Walhalla und die Burgruine Donaustauf besucht. Als letzte Station hatte man mit Bedacht eine weithin bekannte und berühmte Lokalität gewählt, wie im Erinnerungsbüchlein aus der Neubauerschen Buchdruckerei nachzulesen ist: »Tegernheimer Sommerkeller – klangvolles Wort – fröhliche Erinnerung! Was ging da für ein Leben los unter den breitästigen Buchen und Eichen, zwischen den kühlen Felsenwänden und bei dem noch kühleren Gerstengebräu, das der gottfromme Bräuer mit doppeltem Malz- und Hopfenmaaße eigens mußte versetzt haben! Der Frohsinn brach alle Dämme; man ließ sich's einmal im Leben wohl sein, und trieb's hoch; denn das war der Tag der heiligen Bertha, allem Vermuthen nach keiner anderen als der Berthe au grand pied! Also that man's der Patronin des Tages nach und lebte auf großem Fuß. Das gab ein buntes Treiben und Wimmeln aus allen Klassen und Ständen, ein herzlich' Entgegenkommen und Grüßen, eine Brüderlichkeit sonder Gleichen, und die braven Münchener konnten nicht satt werden am Zusingen ihres prächtigen Wahlspruches: Ecce quam bonum / Et quam jucundum / Habitare fratres / In unum ! –«

95 Walhalla und Salvatorkirche bei Donaustauf
Leo von Klenze, 1839

Ludwig I. besuchte, zunächst als Kronprinz, später als König von Bayern, mehrfach Regensburg. Neben dem Dom galt sein Hauptaugenmerk dem Standort und der Realisation der geplanten Walhalla. Neben möglichen Standorten in München wurden auch die Höhen bei Niederwinzer und die Landspitze am Zusammenfluß von Donau und Naab bei Mariaort in Betracht gezogen. 1829 besucht er incognito Bischof Johann Michael Sailer, »um genau die Stelle zu bestimmen, welche auf dem Bräuberge Walhalla einnehmen soll«. 1830 wurde der Grundstein gelegt, bereits zwölf Jahre später fand die feierliche Einweihung statt, beides Anlässe für einen Besuch der ehemaligen Freien Reichsstadt. Drei Jahre vor der Eröffnung gab Leo von Klenze, der Architekt der Walhalla, mit diesem Gemälde eine Vorstellung des deutschen Ruhmestempels in einer heroischen Landschaft. Im Licht des Sonnenaufganges strahlen die zur Donau gewandte Hauptfront und die Treppenaufgänge, während die mittelalterliche Salvatorkirche in der Schattenzone des Vordergrundes liegt.

Die Künstler

Die Künstlerviten in Kurzform können nur eine erste Vorstellung vermitteln. Bei einigen, vor allem lokalen Künstlern, steht die Bearbeitung noch aus. Die Autoren sind über jeden Hinweis dankbar.

Albrecht Adam
1786–1862. Lernt zuerst Konditor bei seinem Vater, dann Hinwendung zur Malerei in Nürnberg. In München durch Johann Georg von Dillis gefördert. Begleitet Napoleon auf seinem Feldzug gegen Österreich. Malt bevorzugt Schlachtengemälde und Pferdeporträts.

Heinrich Adam
1787–1862. Maler von Landschaften und Stadtansichten, nach mehreren Studienreisen mit seinem Bruder Albrecht kommt er 1807 nach München. 1826 zeichnet er 24 Ansichten von bayerischen Städten, die später von G.W. Kraus lithographiert werden.

Jakob Alt
1789–1872. Landschaftsmaler und Lithograph. Studium an den Akademien in Frankfurt a. M. und Wien. Bevorzugt Darstellungen aus den österreichischen Alpen und dem Donaugebiet.

Johann Michael Amler
1783–1831. Maurer und Magistratsrat in Regensburg.

William Henry Bartlett
1809–1854. Der englische Zeichner lernt bei John Britton. Er unternimmt zahlreiche Reisen auf dem Kontinent. Seine Zeichnungen dienen der Illustration von Reiseberichten, die er zum Teil selbst verfaßt.

Martin Joseph Bauer
1775–?. Porträtmaler und Lithograph in Regensburg.

Johann Heinrich Beik
1788–1875. Stammt aus Dessau.

Ignaz Bergmann
1797–1865. Münchner Maler und Lithograph. Lernt an der Akademie unter Johann Peter von Langer.

Johann Bichtel
1784–1857. Kupferstecher und Zeichenlehrer in Regensburg. Hielt zahlreiche Ereignisse, wie Schiffsunglücke und Kriminalfälle, im Bild fest.

Leonhard Bleyer
1758–1825. Erstellt als Feldwebel im ersten Viertel des 19. Jahrhunderts eine Bilderhandschrift mit 142 Uniformfiguren und Kostümdarstellungen. Ursprünglich hingen die Zeichnungen in der großen Zechstube des Jesuiten-Bräu Pirzer.

Christian Ludwig Bösner
1797–1880. Sohn eines Regensburger Regierungsrates. Beginnt 1817 in Erlangen Rechtswissenschaft zu studieren. 1847 ersucht er um eine Versetzung nach Regensburg. Er wird zum königlichen Regierungssekretär ernannt und ist Ehrenmitglied im Historischen Verein. Aquarellmaler von Landschaften und Stadtmotiven.

Jacob Heinrich Carl Demper
Lebt in der ersten Hälfte des 19. Jahrhunderts in Regensburg.

Friedrich Eibner
1825–1877. Münchner Architekturzeichner und Autodidakt. Aufträge für Ludwig II. und Friedrich Wilhelm IV. von Preußen.

Heinrich Elsperger
1777–1835. Regensburger Zeichner und Lithograph. Seit 1812 als Zeichenlehrer am Gymnasium und an anderen Schulen der Stadt.

Ludwig Foltz
1809–1867. Architekt und Bildhauer aus der Werkstatt Ludwig Schwanthalers. Lebt 1841–1852 in Regensburg. Baut die Königliche Villa und erstellt einen neogotischen Alternativplan für den Wiederaufbau des Theaters. Zahlreiche Entwürfe für das Kunsthandwerk und für das Fest des Sängerbundes.

Eduard Gerhardt
1813–1888. Maler und Graphiker in München. Spezialisiert auf Architekturdarstellungen.

Joseph Franz von Goez
1754–1815. Zuerst in Wien als Jurist tätig, studiert dann an der Akademie bei Heinrich Füger. Übersiedelt 1779 nach München und läßt sich als freier Künstler nieder. Wird verdächtigt, dem aufklärerischen Geheimbund der Illuminaten anzugehören und siedelt nach Regensburg über, wo die Fürsten von Thurn und Taxis ihn unterstützen.

Bernhard Grueber
1807–1882. Studiert Historienmalerei an der Münchner Kunstakademie und ist ab 1833 Lehrer an der Polytechnischen Schule in Regensburg. Illustrationen für »Regensburg und seine Umgebungen«, 1843 und »Regensburger Vergißmeinnicht«, 1845. Leistet Vorarbeiten für die Restaurierung des Regensburger Domes.

Mathias Hechler
Kupferstecher und Steindrucker in Regensburg.

Johann Georg Hämmerl
Heiratet 1793 in Kallmünz. Von ihm gibt es zahlreiche Ansichten von Schlössern, Städten und Märkten des Herzogtums Pfalz-Neuburg aus den Jahren 1793–1802.

Carl Friedrich Heinzmann
1795–1846. Maler, Lithograph und Radierer; Porzellanmaler in der Manufaktur Nymphenburg. Von ihm stammen eine große Anzahl von lithographierten Ansichten Bayerns.

Johann Heinrich Hintze
1800–1862. Architektur- und Landschaftsmaler in Berlin.

Emil Höfer
Tätig ca. 1830–1850. Stecher zahlreicher Ansichten von südwestdeutschen Städten, u. a. nach H. Kranzberger.

Karl Victor Keim
1799–1876. Studiert Architektur an der Münchner Kunstakademie unter Carl von Fischer. Seit 1823 im Dienst der Thurn und Taxisschen Verwaltung. Baut die Gruftkapelle der Fürsten in St. Emmeram und das vom Brand zerstörte Theater.

Leo von Klenze
1784–1864. 1816–1864 Hofarchitekt König Ludwigs I. von Bayern. Bedeutendster Vertreter des süddeutschen Klassizismus, u. a. Walhalla bei Regensburg.

Heinrich Klonke
1803–?. Von dem gebürtigen Regensburger stammen liebenswürdige Ansichten Regensburger Plätze und Gebäude aus den zwanziger Jahren. 1841 wird er als »verheirateter Konditor in Augsburg« erwähnt.

Hans Kranzberger
1804–1850. Seit 1822 in Regensburg. Ausbildung wahrscheinlich in Nürnberg an der dortigen Filial–Akademie. 1828 Reise nach Italien. Malt vorzugsweise mittelalterliche Architektur, aber auch Genrebilder und Porträts. Bedeutendster Regensburger Maler des Biedermeier.

Johann Nepomuk Liebherr
Maurermeister in Regensburg. Fertigt Entwurf für den Neubau der Maximilianstraße und der Hauptstraße in Stadtamhof an.

Michael Neher
1798–1876. Schüler von Matthias Klotz und Angelo Quaglio. Seit 1825 Konservator des Münchner Kunstvereins.

Johann Georg Ostermayr
1789–1864. Dekorations- und Theatermaler. In Regensburg zunächst vorwiegend für das fürstliche Haus Thurn und Taxis tätig. Er widmet sich systematisch der zeichnerischen Erfassung mittelalterlicher Werke der Stadt.

Johann Matthias Otto
1835 als Zeichenlehrer im Adreßbuch angegeben.

Johann Gabriel Friedrich Poppel
1807–1882. Stahl- und Kupferstecher, Architekturzeichner und Landschaftsmaler.

Domenico Quaglio
1787–1837. Maler, Kupferstecher und Lithograph. Von seinem Vater zum Theatermaler ausgebildet. Seit 1819 spezialisiert er sich auf die Architekturmalerei, vornehmlich mittelalterlicher Bauwerke. Ab 1822 leitet er mit Georg Friedrich Ziebland den neogotischen Wiederaufbau von Hohenschwangau.

Joseph Reitmayr
?–1877. Er hat 1828 die Erlaubnis zur Ausübung des gewerblichen Steindrucks. 1830 Lithographien für das Buch »Regensburg und seine Umgebungen« von Franz Xaver Weilmeyr. Seit 1834 erscheint bei ihm das liberale »Regensburger Tagblatt«, das bis 1908 bestand.

Heinrich Wilhelm Ritter
?–1856. Kurhessischer Hofkupferstecher, seit 1839 Lehrer an der Akademie in Kassel.

Carl Scharold
1811–1865. Würzburger Architektur und Landschaftsmaler, der zeitweilig in München ansässig ist.

Georg Scharf
1788–1860. Der in Mainburg geborene Künstler studiert Malerei in München, Antwerpen und Paris. 1816 geht er nach London, 1833 wird er Mitglied der New Water Colour Society, 1845 unternimmt er eine zweijährige Reise in seine Heimat Mainburg und nach Regensburg.

Adolf Schellenberg
Porzellanmaler in Regensburg.

Johann Anton Schwerdtner
Porzellanmaler in Regensburg.

Ferdinand Stademann
1791–1872. Zeichner, seit 1812 in kgl. bayerischem Dienst. Geht 1832 mit König Otto nach Griechenland.

Aegidius Touchemolin
1760–1830. Seit 1778 Konzertgeiger der Hofkapelle der Fürsten Thurn und Taxis. Nach Verlust des Gehörsinns 1800 Zeichenmeister der Pagerie. Arbeitet häufig mit der Steindruckerei Niedermayr zusammen.

Georg Weidmann
Porzellan- und Kunstmaler in Regensburg.

Adam Friedrich Wiedamann
1792–1860. Zinngießer und Maler. Im »Regensburger Wochenblatt« 1831, No. 44 inseriert er als Porträtmaler und Zeichenlehrer. Seine Ausbildung erhielt er nach eigenen Worten an einer der ersten Maler-Akademien Deutschlands.

Conrad Wießner
1796–1865. Zeichner, Maler und Graphiker. Nach Besuch der Nürnberger Akademie Studium in München. 1826 Aufenthalt in Regensburg zur Einrichtung der Abteilung für Malerei in der Porzellanmanufaktur.

Verzeichnis der Abbildungen

Falls kein abweichender Standort angegeben ist, ist zu lesen:
Museen der Stadt Regensburg, Historisches Museum

S. 2: Johann Mayr, Grundriß der Fürstlich Primatischen Residenzstadt, 1808
Kolorierter Kupferstich, 51 × 74 cm; GN 1998/8

1 Albrecht Adam, Napoleon vor Regensburg, 1840
Öl auf Leinwand, 80 × 120 cm; K 1979/1

2 Unbekannter Künstler, Freiherr Gottlieb Karl von Thon-Dittmer, »Frohe Erinnerung an den 6ten August 1848«, 1848
Lithographie, 35 × 47,5 cm; G 1963/35

3 Johann Heinrich Anton Schwerdtner, Regensburg(?), Milchkännchen mit Ansicht der Walhalla, um 1840
Porzellan, 18 cm; K 1964/60

4 Leonhard Bleyer, Porzellanfabrikant Daniel Treiber, um 1820
Kolorierte Federzeichnung, 17,6 × 10,9 cm; G 1952/14,23

5 Leonhard Bleyer, Madame Kraer, um 1820
Kolorierte Federzeichnung, 16,5 × 10,4 cm; GN 1998/2,22

6 Unbekannter Künstler, »Vorstellung des lebenden See-Tiegers« am 19. Oktober 1821
Einblattholzschnitt, 18,5 × 30 cm; G 1979/99

7 Hans Kranzberger, Selbstbildnis, 1843
Öl auf Leinwand, 23 × 18,6 cm; K 1943/40

8 Unbekannter Künstler, Plan von Regensburg mit seinen Umgebungen im Jahr 1829
Stahlstich, 70 × 102 cm; GN 1998/10

9 Unbekannter Künstler, »Regensburg und Stadt am Hof in Bayern«, um 1840/50
Lithographie, 26 × 36 cm; G 1980/336,23

10 Unbekannter Künstler, Plan von Regensburg mit seinen Umgebungen im Jahr 1829 (Detail aus Abb. 8)

11 Christian Ludwig Bösner, Panorama vom Dreifaltigkeitsberg mit unvollendeten Domtürmen, 1854
Aquarell über Feder und Blei, 37,5 × 85 cm; G 1978/14

12 Christian Ludwig Bösner, Panorama von der Seidenplantage mit vollendeten Domtürmen, nach 1869
Tusche über Feder und Blei, 42,5 × 102 cm; GN 1998/7

13 Unbekannter Künstler, Stadtansicht von Süden mit Allee-Gürtel, um 1800/10
Federzeichnung, 10,1 × 18,6 cm; Fürst Thurn und Taxis Zentralarchiv und Hofbibliothek, TT. Rat. III, 62

14 Georg Scharf, Großes Panorama, 1847
Gouache, 61 × 345,5 cm; London, The British Library, The Manuscript Collections Additional Manuscripts 36489 B

15 Georg Scharf, Kleines Panorama, 1847
Gouache, 61 × 182 cm; London, The British Library, The Manuscript Collections Additional Manuscripts 36489 C

16 Heinrich Klonke, Regensburg gegen Mittag, 1832
Aquarell und Federzeichnung, 14,5 × 18,2 cm; G 1951/37 a

17 Jakob Alt, Stadtansicht mit Treidelzug, 1826
Aquarell, 39 × 59 cm; K 1940/52

18 Conrad Wießner, Die Stadt vom Unteren Wöhrd, um 1830
Kolorierte Radierung, 32 × 44,5 cm; G 1981/34 a

19 Ferdinand Stademann, Stadtansicht von Nordwesten, um 1840
Lithographie, 30 × 43,3 cm; G 1983/57

20 Hans Kranzberger, Vue de Ratisbonne, côte du Nord, um 1830/35
Lithographie, 24,5 × 35,5 cm; GN 1998/4

21 Hans Kranzberger, Vue de Ratisbonne, côte du Soir, um 1830/35
Lithographie, 24,5 × 35,5 cm; G 1981/24

22 Schürch, Regensburg von Westen, um 1840
Kolorierter Stahlstich, 9 × 22,5 cm; G 1980/332 a

23 Johann Bichtel, Gedenkblatt auf die Ankunft König Ludwigs I., 1830
Kupferstich, 19,7 × 13,3 cm; G 1955/38

24 Adolf Schellenberg, Kaffeekanne mit Stadtansicht, 1845
Porzellan (Manufaktur Schwerdtner, Regensburg?), Höhe 24,3 cm; K 1987/7

25 Carl Friedrich Heinzmann, Bäuerinnen in Oberpfälzer Tracht, um 1825
Aquarell, 16,5 × 12,4 cm; G 1985/56

26 Johann Georg Ostermayr, Rathausplatz, um 1850
Aquarell, 21 × 27,5 cm; G 1935/104

27 Unbekannter Künstler, Blick auf den Erker des Reichssaales, um 1840/50
Holzstich, 30,8 × 23,7 cm; Fürst Thurn und Taxis Zentralarchiv und Hofbibliothek, TT. Rat. IX. 20

28 Carl Scharold, Dollingersaal, um 1850
Aquarell, 10,7 × 14,1 cm; G 1954/39

29 Johann Georg Ostermayr, Ludwigstraße mit »Neuer Uhr«, vor 1830
Aquarell, 29 × 23,7 cm; GN 1998/12

30 Adam Friedrich Wiedamann, Fischmarkt mit ehemaligem Fleischhaus, um 1810
Deckfarben, 36,5 × 49,5 cm; G 1983/105

31 Emil Höfer, nach Hans Kranzberger, Der Haidplatz, um 1850
Stahlstich, 12 × 16,8 cm; G 1980/300, 24

32 Emanuel Oppermann, Ehemaliges Zeughaus, vor 1803
Aquarell, 26,5 × 34,6 cm; HV 970

33 Karl Victor Keim, Theater, um 1860
Kolorierte Lithographie, 8 × 16 cm; G 1929/15

34 Ludwig Foltz, Entwurf für den Wiederaufbau des Theaters, 1851
Federzeichnung, 20 × 29,2 cm; G1930/226 a

35 Heinrich Klonke, Ehemaliges Finanzdirektionsgebäude, 1829
Aquarell und Feder, 12 × 18 cm; G 1951/37 g

36 Georg Hamminger, Königlich Bayerisches Gymnasium, um 1828
Aquarell und Feder, 47,5 × 71 cm; GN 1992/11

37 Joseph Reitmayr(?), Das Fürstlich Thurn und Taxissche Palais St. Emmeram, um 1830
Lithographie, 23,6 × 30,5 cm; G 1943/10

38 Christian Ludwig Bösner, Ägidiengang, um 1850
Aquarell, 28,2 × 22,3 cm; G 1981/59

39 Heinrich Klonke, Fürstliche Reitschule, 1847
Aquarell und Feder, 12 × 15,6 cm; G 1951/37 e

40 Johann Georg Ostermayr, Wahlenstraße, um 1857
Aquarell, 27,5 × 21,3 cm; G 1935/103

41 Monogrammist Cl. P., Neupfarrplatz, 1843
Aquarell, 15,1 × 20,1 cm; G 1952/40

42 Georg Adam, nach Georg Heinrich Speisenegger und Aegidius Touchemolin, Neupfarrplatz mit Hauptwache, 1808
Kolorierte Radierung, 47,6 × 71 cm; G 1980/325,47

43 Adam Friedrich Wiedamann, Neupfarrplatz, um 1830
Gouache, 44 × 31,4 cm; GN 1998/6

44 Domenico Quaglio, Dom St. Peter, 1820
Lithographie, 49,5 × 66 cm; G 1982/110

45 Hans Kranzberger, Blick vom Dom nach Osten, 1832
Öl auf Leinwand, 24,6 × 18,6 cm; K 1958/64

46 Ebenezer Challis, nach William Henry Bartlett, Westportal des Regensburger Domes, 1842
Stahlstich, 17,4 × 12,6 cm; G 1956/9 c

47 Nicolas-Marie-Joseph Chapuy, Interieur de la Cathédrale à Ratisbonne, um 1835/40
Lithographie, 36,7 × 26,2 cm; G 1982/91

48 Domenico Quaglio, Im Domgarten, 1816
Lithographie, 40 × 32 cm; G 1982/92

49 Johann Georg Ostermayr, Hallertor, um 1830
Aquarell, 29,3 × 19,5 cm; G 1998/11

50 Johann Georg Ostermayr, Goldene Bärenstraße, um 1830
Aquarell, 29,3 × 19,5 cm; G 1950/3 h

51 Hans Kranzberger, Blick auf die Dorotheenkapelle, 1849
Aquarell, 30,9 × 24,6 cm; G 1943/61

52 Heinrich Klonke, Maximilianstor, 1829
Aquarell und Feder, 12 × 18,2 cm; G 1952/26

53 Johann Nepomuk Liebherr, Maximilianstraße, 1811
Aquarell und Feder, 50 × 70 cm; G 1984/64

54 Johann Michael Amler, Das Jakobstor vor und nach seiner Umgestaltung, 1824
Kolorierte Feder- und Bleistiftzeichnung, 32 × 48,6 cm; G 1982/19a

55 Heinrich Klonke, St. Jakob, 1832
Aquarell und Feder, 12 × 18 cm; G 1951/37 d

56 Christian Ludwig Bösner, Wohnhaus Albrecht Altdorfers, um 1850
Aquarell, 19,5 × 28,8 cm; HV 973

57 Heinrich Klonke, »Die Porzellain-Fabricke zu Regensburg«, 1828/29
Aquarell und Feder, 12 × 18,2 cm; G 1951/37 l

58 Johann Georg Ostermayr, Schiegenturm, 1851
Aquarell, 22,9 × 14,2 cm; G 1946/5

59 Johann Heinrich Beik, Ostentor, vor 1840
Aquarell, 22,6 × 16,9 cm; G 1935/30 a

60 Ludwig Foltz, Königliche Villa, 1854
Blei, 50,8 × 37,3 cm; G 1931/124 a

61 Johann Heinrich Hintze, Die Steinerne Brücke mit dem Dom, um 1830
Aquarell, 12,9 × 21 cm; Stiftung Preußische Schlösser und Gärten Berlin-Brandenburg, Potsdam, Aqu. Slg 1374 (61.2)

62 Heinrich Elsperger, Ansicht der Steinernen Brücke vom Oberen Wöhrd, 1821
Aquatinta, 29,5 × 36,3 cm; G 1980/336/25 a

63 Theobald Christoph Friedrich, Der Obere Wöhrd, um 1800
Radierung, 18 × 23 cm; G 1980/311/20

64 Unbekannter Künstler, Die Turn-Anstalt, 1844
Lithographie, 34,8 × 21,8 cm; G 1933/34

65 Unbekannter Künstler, Gärten an der Stadtmauer in der Von-der-Tann-Straße, um 1830
Gouache, 17 × 22,5 cm; G 1983/103

66 Unbekannter Künstler, Gärten an der Stadtmauer Am Königshof, um 1830
Gouache, 17 × 22,8 cm; G 1983/104

67 Fürst Karl Alexander von Thurn und Taxis(?), Der Meierhof »Sophiental« im Stadtgraben, 1814
Gouache auf Pergament, 18,4 × 30 cm; Fürst Thurn und Taxis Zentralarchiv und Hofbibliothek, Besitzungen, Urkunden 2631

68 Heinrich Klonke, Gartenpalais »Theresiens Ruhe«, 1829
Aquarell und Feder, 11,9 × 18 cm; G 1951/37 h

69 Martin Joseph Bauer(?), Kaspar Graf von Sternberg, um 1807
Öl auf Holz, 28 × 22 cm; HV 1367

70 Heinrich Wilhelm Ritter, nach Joseph Franz von Goez, Ansicht des »Kepplerschen Monuments«, 1808
Kupferstich, 46 × 53 cm; G 1982/7

71 Johann Bichtel, Ansicht des Fürstlich Thurn und Taxisschen Monuments, nach 1813
Kupferstich, 33,3 × 49 cm; G 1981/18

72 Unbekannter Künstler, Denkmal für den Freiherrn Heinrich Carl von Gleichen, um 1807
Aquarell, Feder, 20,3 × 14,3 cm; G 1944/2

73 Carl Friedrich Heinzmann, nach Leo von Klenze, Denkmal für Johann Graf von Schlitz-Goertz, 1822
Lithographie, 39 × 29 cm; G 1931/130

74 Unbekannter Künstler, Bahnhof zu Regensburg, um 1860
Stahlstich, 10,2 × 18,9 cm; G 1980/300/11

75 Heinrich Klonke, Schießgraben, 1839
Aquarell, 7,3 × 12,8 cm; G 1951/37 k

76 Heinrich Adam, Das Vogelschießen zu Regensburg, 1824/25
Lithographie, 19,2 × 23,5 cm; G 1979/93

77 Unbekannter Künstler, Deutsches Sängerfest von 1847, 1847
Stahlstich, 51,6 × 39 cm; GN 1998/5

78 Johann Gabriel Friedrich Poppel, »Thor von Stadtamhof«, um 1850
Stahlstich, 5,5 × 8 cm; G 1929/207

79 Unbekannter Künstler, Steinweg mit Dreifaltigkeitskirche, um 1840
Aquarell, 14 × 19,7 cm; Fürst Thurn und Taxis Zentralarchiv und Hofbibliothek, TT. Rat. XVII. 78

80 Christian Ludwig Bösner, Aufstieg zum Schelmengraben, 1853
Gouache, 24,8 × 21,9 cm; G 1981/22 b

81 Unbekannter Künstler, Schützenscheibe mit dem Dampfschiff »Ludwig I.«, 1840
Öl auf Holz; 78 × 71 cm; KN 1998/48

82 Mathias Hechler, Besuch König Ludwigs I. auf der Seidenplantage, 1839
Lithographie, 22 × 30 cm; G 1934/24

83 Unbekannter Künstler, Auf der Straße nach Winzer, um 1830
Aquarell, 13,2 × 17,7 cm; Fürst Thurn und Taxis Zentralarchiv und Hofbibliothek, TT. Opf. III W

84 Johann Gabriel Friedrich Poppel, nach Eduard Gerhard, Winzer bei Regensburg, um 1850
Stahlstich, 7,5 × 9,5 cm; G 1980/311, 26

85 Johann Matthias Otto, Mariaort, 1844
Aquarell, 6,5 × 13,4 cm; G 1965/58 a

86 Johann Georg Hämmerl, Etterzhausen, um 1800
Tusche und Aquarell, 24 × 41 cm; HV 110

87 Unbekannter Künstler, Landgut Stegenhof im Laabertal, um 1840/50
Kolorierte Lithographie, 22,5 × 30,3 cm; Fürst Thurn und Taxis Zentralarchiv und Hofbibliothek, TT Opf. III D

88 Joseph Reitmayr, Schloß Prüfening, 1830
Lithographie, 16,8 × 21,5 cm; HV 391

89 Joseph Reitmayr, Dechbetten, 1830
Lithographie, 16,3 × 22,6 cm; G 1950/17

90 Heinrich Klonke, Karthaus Prüll, 1829
Aquarell und Feder, 11,9 × 17,9 cm; G 1951/37 t

91 Unbekannter Künstler, Schankwirtschaft »St. Niklas«, 1835
Gouache, 17,9 × 23,7 cm; G 1983/102

92 Heinrich Klonke, Pürkelgut, 1829
Aquarell und Feder, 11,9 × 18 cm; G 1951/37 s

93 Christian Ludwig Bösner, Weichs, um 1850
Aquarell, 22 × 27,9 cm; G 1980/321 b

94 Georg Weidmann, Der Tegernheimer Sommerkeller, 1865
Aquarell, 27,9 × 44,0 cm; G 1936/33

95 Leo von Klenze, Walhalla und Salvatorkirche bei Donaustauf, 1839
Öl auf Leinwand, 84,3 × 126,5 cm; K 1965/14

Anmerkungen

Regensburg im Biedermeier

1 Franz Hiltl, Die stillen Jahre. Regensburg zwischen Napoleon und Bismarck, Regensburg 1949, S. 186.
2 Willi Geismeier, Biedermeier, Wiesbaden o. J., S. 10.
3 Hermann Nestler, Regensburg im Zeitalter der Romantik, Regensburg 1924, S. 8.
4 Wochenblatt, vom 1.3. 1820.
5 F. Hiltl (Anm. 1), S. 148.
6 Karl Bauer, Regensburg. Kunst-, Kultur- und Alltagsgeschichte, Regensburg ⁵1997, S. 310.
7 Eberhard Dünninger, Regensburg. Das Bild der Stadt im Wandel der Jahrhunderte, Amberg 1995, S. 106.
8 Wolfgang Schmidt, Eine Stadt und ihr Militär. Regensburg als bayerische Garnisonsstadt im 19. und 20. Jahrhundert (= Studien und Quellen zur Geschichte Regensburgs 7), Regensburg 1993, S. 279.
9 Adelbert Müller, Regensburger Vergißmeinnicht. Ansichten des Schönsten und Merkwürdigsten der königl. bayer. Kreishauptstadt Regensburg und ihrer Umgebung, Regensburg 1845, S. 9.
10 F. Hiltl (Anm. 1), S. 126.
11 Ebd., S. 144.
12 Ebd., S. 134.
13 Ebd., S. 132.
14 Ebd., S. 143.
15 Regensburger Tagblatt vom 20. Dezember 1849.
16 Wochenblatt 1848, S. 271.
17 Anonym, Erinnerung an das Sängerfest zu Regensburg 1847, Regensburg 1847, S. 32.
18 Christian Gottlieb Gumpelzhaimer, Regensburgs Geschichte, Sagen und Merkwürdigkeiten, 4 Bde., Regensburg 1830, 1837, 1838 (Reprint, Regensburg 1984), S. 3.
19 Anonym, Neuester Wegweiser durch die Kreis-Hauptstadt Regensburg und ihre Umgebungen, Regensburg 1836, S. 12.
20 Wochenblatt (Anm. 16), S. 142.
21 A. Müller (Anm. 9), S. 9.
22 Wochenblatt 1822, S. 205.
23 Joseph Rudolf Schuegraf, Die Umgebungen der K. B. Kreishauptstadt Regensburg, Regensburg 1830, S. 3.
24 Karl Sebastian Hosang, Aus der sogenannten guten alten Zeit. Kleine Geschichten aus Regensburgs Vergangenheit. Mitgeteilt von Oberarchivrat Dr. Freytag, Regensburg, Bd. 1 1930, Bd. 2 1932, S. 74.
25 Wochenblatt 1848, No. 2, S. 17.
26 Regensburger Tagblatt mit Beilage Conversationsblatt 1848, Nr. 10.
27 Wochenblatt 1848, No. 6, S. 92.
28 Ebd., 4. Januar 1850.
29 Ebd., 14. Januar 1845.
30 K. S. Hosang (Anm. 24), S. 24.
31 Wochenblatt (Anm. 16), S. 85.
32 Bay HStA M Inn 24105/I.
33 Franz Xaver Weilmeyr, Regensburg und seine Umgebungen. Ein Handbuch für Einheimische und Fremde. Geschichtlich, topographisch und statistisch bearbeitet, Regensburg 1830, S. 69.
34 Regensburger Tagblatt vom 9. Januar 1845.

Vom Sternberg-Palais zum Bahnhof. Die innere und äußere Gestalt der Stadt

1 Franz Xaver Weilmeyr, Regensburg und seine Umgebungen. Ein Handbuch für Einheimische und Fremde. Geschichtlich, topographisch und statistisch bearbeitet, Regensburg, Verlag von J. Reitmayr, 1830.
2 Albrecht Christoph Kayser, Versuch einer kurzen Beschreibung der Kaiserlichen freyen Reichsstadt Regensburg. Reprint der Auflage von 1797. Mit einem Vorwort von Peter Styra, Regensburg 1995.
3 Nach Dieter Albrecht, Biedermeier in Regensburg?, in: Jahres- und Tagungsbericht der Görres-Gesellschaft 1984 mit den in Regensburg gehaltenen Vorträgen, Köln 1985, S. 5–21.
4 J. F. P., Ratisbona in alter und neuer Gestalt. Eine Denkschrift, Regensburg 1838, S. 52.
5 Adelbert Müller, Regensburger Vergißmeinnicht. Ansichten des Schönsten und Merkwürdigsten der königl. bayer. Kreishauptstadt Regensburg und ihrer Umgebung, Regensburg 1845, S. 3 f.
6 Heinrich Laube, Reise durch das Biedermeier. Hrsg. und mit einem Nachwort versehen von Franz Heinrich Körber, Hamburg 1965, S. 189 f.
7 Karl Sebastian Hosang, Aus der sogenannten guten alten Zeit. Kleine Geschichten aus Regensburgs Vergangenheit. Mitgeteilt von Oberarchivrat Dr. Freytag, II. Bändchen, Regensburg 1832, S. 62.
8 F. X. Weilmeyr (Anm. 1), S. 80 f.
9 Karl Bauer, Regensburg. Kunst-, Kultur- und Alltagsgeschichte, Regensburg ⁵1997, S. 507.
10 Franz von Paula Ertl, Kurze Übersicht der vorzüglichsten Denkmäler und Sehenswürdigkeiten der Stadt Regensburg, München, Passau, Regensburg 1842, S. 186 f.
11 Regierungs- und Intelligenzblatt 1803, Nr. 27; zitiert nach Karl Bauer, Regensburg. Kunst-, Kultur- und Alltagsgeschichte, Regensburg ⁵1997, S. 17.
12 F. X. Weilmeyr (Anm. 1), S. 20 f.
13 A. Müller (Anm. 5), S. 18.
14 Anonym, Neuester Wegweiser durch die Kreis-Hauptstadt Regensburg und ihre Umgebungen, Regensburg 1836
15 F. X. Weilmeyr (Anm. 1), S. 23
16 J. F. P. (Anm. 4), S. 52.
17 Ebda.
18 F. X. Weilmeyr (Anm. 1), S. 17 f.

19 Nach Dieter Albrecht (Anm. 3), S. 5–21.
20 J. J. Wiedenmann, Die Wanderungen um Regensburg. Eine Fortsetzung des Taschenbuchs für Spaziergänger, Stadt am Hof 1818, S. 40, – Herrn Walter Zacharias, Regensburg, darf herzlichst gedankt werden für den Hinweis und die freundliche Überlassung des seltenen Büchleins.
21 Nach Scott Wilcox, Erfindung und Entwicklung des Panoramas in Großbritannien, in: Sehsucht. Das Panorama als Massenunterhaltung des 19. Jahrhunderts, Kunst- und Ausstellungshalle Bonn 1993, S. 29.
22 Eberhard Dünninger, Regensburg. Das Bild der Stadt im Wandel der Jahrhunderte, Amberg 1995, S. 31.

Verwendete Literatur

Albrecht, D., Regensburg im Wandel. Studien zur Geschichte der Stadt im 19. und 20. Jahrhundert, Regensburg 1984

Ders., Biedermeier in Regensburg?, in: Jahres- und Tagungsbericht der Görres-Gesellschaft 1984 mit den in Regensburg gehaltenen Vorträgen, Köln 1985

Allert, C., Christian Ludwig Bösner. Ein Maler des 19. Jahrhunderts in Regensburg. Ungedruckte Magisterarbeit, Universität München 1992

Angerer, B., »Wir können der Kaufleute nimmer entbehren«, hrsg. von der Industrie- und Handelskammmer Regensburg, Regensburg 1993

Dies., »ich finde die Herzen der braven Regensburger alle offen«, hrsg. vom Fremdenverkehrsverein Regensburg, Regensburg 1996

Angerer, M., Färber, K. M., Paulus, H.-E., Altes Rathaus, Regensburg 1992

Angerer, M. und *Wanderwitz, H.,* Zu Gast im alten Regensburg, München 1992

Anonym, Neuester Wegweiser durch die Kreis-Hauptstadt Regensburg und ihre Umgebungen, Regensburg 1836

Anonym, Erinnerung an das Sängerfest zu Regensburg 1847, Regensburg 1847

Anonym, Wegweiser durch die Kreishauptstadt Regensburg und den Regierungsbezirk der Oberpfalz. Aus historischen Quellen und auf höhere Weisung zusammengestellt, Regensburg 1852

Baualterspläne zur Stadtsanierung in Bayern. Regensburg I–X, hrsg. vom Bayerischen Landesamt für Denkmalpflege, München 1973–93

Bauer, K., Regensburg. Kunst-, Kultur-, und Alltagsgeschichte, Regensburg ⁵1997

Biedermeiers Glück und Ende. ... die gestörte Idylle 1815–1848, Kat. Ausst. München 1987

Chrobak, W., Politische Parteien, Verbände und Vereine in Regensburg 1869–1914, Regensburg 1982

Ders., Das St. Niklas-Stift zu Regensburg, in: Beiträge zur Geschichte des Bistums Regensburg 29, 1995

Dallmeier, M. und *Schad, M.,* Das Fürstliche Haus Thurn und Taxis. 300 Jahre Geschichte in Bildern, Regensburg 1996

Dünninger, E., Regensburg. Das Bild der Stadt im Wandel der Jahrhunderte, Amberg 1995

Endres, W., Regensburger Motive – Regensburger Porzellan? Mehr Fragen als Antworten, in : Regensburger Almanach 1987

Ertl, Fr. v. P., Kurze Übersicht der vorzüglichsten Denkmäler und Sehenswürdigkeiten der Stadt Regensburg, München, Passau, Regensburg 1842

Geismeier, W., Biedermeier, Wiesbaden o. J.

Grillmeyer, S., Eine Prinzessin als Bäuerin? Bemerkungen zum Adel im frühen 19. Jahrhundert: Ein ungewöhnlicher Pachtvertrag im Fürstlich Thurn und Taxisschen Zentralarchiv, in: Verhandluungen des Historischen Vereins für Oberpfalz und Regensburg 137, 1997

Gumpelzhaimer, C. G., Regensburgs Geschichte, Sagen und Merkwürdigkeiten, 4 Bde., Regensburg 1830, 1837, 1838 (Reprint, Regensburg 1984)

Hiltl, F., Die stillen Jahre. Regensburg zwischen Napoleon und Bismarck, Regensburg 1949

Hosang, K. S., Aus der sogenannten guten alten Zeit. Kleine Geschichten aus Regensburgs Vergangenheit. Mitgeteilt von Oberarchivrat Dr. Freytag, Regensburg, Bd. 1 1930, Bd. 2 1932

Hönig, J., Almanach für Spaziergänger um Regensburg auf das Jahr 1809, Regensburg 1809

J. F. P., Ratisbona in alter und neuer Gestalt. Eine Denkschrift, Regensburg 1838

Kayser, A. C., Versuch einer kurzen Beschreibung der Kaiserlichen freyen Reichsstadt Regensburg, Regensburg 1797 (Reprint. Mit einem Vorwort von Peter Styra, Regensburg 1995)

Kraus, A., Pfeiffer, W., Regensburg – Geschichte in Bilddokumenten, München 1979

Krause, H. J., Pfeifenkopf und Türkenköppchen. Zur Geschichte der Porzellanmanufaktur am Singrün, in: Regensburger Almanach 1978

Laube, H., Reise durch das Biedermeier. Hrsg. und mit einem Nachwort versehen von Franz Heinrich Körber, Hamburg 1965

Möseneder, K., Feste in Regensburg, Regensburg 1986

Müller, A., Regensburger Vergißmeinnicht. Ansichten des Schönsten und Merkwürdigsten der königl. bayer. Kreishauptstadt Regensburg und ihrer Umgebung, Regensburg 1845

Ders., Die Donau. Beschreibung des Stromes und seiner Umgebungen von den Quellen bis Wien, Regensburg 1846

Munack, W., Der Regensburger Maler Hans Kranzberger (1804–1850), Monographie und Werkverzeichnis, Masch. Diss. Regensburg 1987

Nestler, H., Regensburg im Zeitalter der Romantik, Regensburg 1924

Niedermayer, A., Künstler und Kunstwerke der Stadt Regensburg, Landshut 1857

Pustet, F., 150 Jahre Verlag Friedrich Pustet Regensburg 1826–1976. Festschrift mit Verlagskatalog, Regensburg 1976

Regensburger Tagblatt (mit Beilage »Conversationsblatt«) 1838–1908

Regensburgisches Diarium, ab 1810

Reidel, H., Emanuel Joseph von Herigoyen, München 1982

Ders., Die bürgerliche Architektur in Regensburg von 1650 bis 1918, in: Strobel, R., Regensburg – Die Altstadt als Denkmal, München 1978

Ders., Das Gartenkasino des Grafen Kaspar von Sternberg in Regensburg. Ein Meisterwerk des venezianischen Architekten Giannantonio Selva, in: Verhandlungen des Historischen Vereins für Oberpfalz und Regensburg 119, 1979

Riedl, C., Ansichten von Häusern, Straßen und Plätzen Regensburgs im Stadtmuseum, Mag. Hausarbeit Regensburg, 1985

Schmidt, W., Eine Stadt und ihr Militär. Regensburg als bayerische Garnisonsstadt im 19. und 20. Jahrhundert (= Studien und Quellen zur Geschichte Regensburgs 7), Regensburg 1993

Schuegraf, J. R., Die Umgebungen der K. B. Kreishauptstadt Regensburg, Regensburg 1830

Strobel, R., Die Allee des Fürsten Carl Anselm zu Regensburg, Thurn und Taxis Studien 3, 1963

Trapp, E., Regensburg und sein Mittelalter, Kat. Ausst. Regensburg 1995

Traeger, J., Der Weg nach Walhalla. Denkmallandschaft und Bildungsreise im 19. Jahrhundert, Regensburg 1987

Weilmeyr, F. X., Regensburg und seine Umgebungen. Ein Handbuch für Einheimische und Fremde. Geschichtlich, topographisch und statistisch bearbeitet, Regensburg 1830

Ders., Ratisbona und Walhalla. Festschrift anläßlich der Grundsteinlegung der Walhalla, Regensburg 1831

Wiedenmann, J. J., Die Wanderungen um Regensburg. Eine Fortsetzung des Taschenbuchs für Spaziergänger, Stadt am Hof 1818

Wiedl, S., Regensburger Stadtansichten vom 15. bis 19. Jahrhundert im Stadtmuseum, Mag. Hausarbeit Regensburg 1986

Zeitler, W., Regensburger Schiffahrt, Regensburg 1985

Ziegler, A., Die Seidenzucht, ihre Behandlung und Vorteile, Regensburg 1842

Fotonachweis

Abb. 14, 15 The British Library, Picture Library, London; Abb. 61 Stiftung Preußische Schlösser und Gärten Berlin-Brandenburg/Bildarchiv, Potsdam; Abb. 13, 27, 67, 79, 83, 87 Fürst Thurn und Taxis Zentralarchiv und Hofbibliothek (Foto: Ludwig Wagmüller); alle übrigen Museen der Stadt Regensburg, Historisches Museum (Foto: Peter Ferstl).

Die Autoren

Birgit ANGERER, Dr. phil., geboren 1955 in Hamburg, studierte Kunstgeschichte, klassische Archäologie und Volkskunde in München. Nach Tätigkeiten am Schleswig-Holsteinischen Landesmuseum in Schleswig und am Germanischen Nationalmuseum in Nürnberg ist sie seit 1986 freiberuflich in Regensburg tätig. Zahlreiche Veröffentlichungen zu Themen der Kulturgeschichte in Regensburg.

Fotos: Uwe Moosburger

Martin ANGERER, Dr. phil., geboren 1952 in Oberaudorf am Inn, studierte Kunstgeschichte, klassische Archäologie, Volkskunde und Bayerische Geschichte in München. Nach Stationen an der Neuen Sammlung in München, dem Schleswig-Holsteinischen Landesmuseum und dem Germanischen Nationalmuseum ist er seit 1989 Direktor der Museen der Stadt Regensburg. Zahlreiche Veröffentlichungen zur Kunst- und Kulturgeschichte der Neuzeit und des Regensburger Raumes.

Regensburg

seitenweise durch zwei Jahrtausende

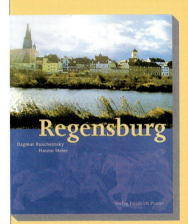

„Regensburg beschreiben und abbilden heißt immer auch, Jahrhunderte beschreiben und abbilden. Durch Regensburg gehen heißt, durch zwei Jahrtausende gehen und doch dabei in der Gegenwart bleiben. Denn die Gegenwart atmet Vergangenheit..."
aus der Neuerscheinung:

Dagmar Ruscheinsky/Hanno Meier
Regensburg
Bildband. 136 Seiten, 110 Farbabb., mit einer engl. Textzusammenfassung,
Leinen DM 74,- / ISBN 3-7917-1575-5

„Ein sehr schön gestalteter Bildband. Ein Buch auch für Regensburger, liebevoll bis kritisch, für Leute, die sich nicht sattsehen können oder Altvertrautes neu entdecken wollen. Kurz, ein Präsent für alle, die auch nur entfernt mit Regensburg zu tun haben." Bayer. Rundfunk

Über die Anfänge der Stadtgeschichte berichtet ausführlich:
Karlheinz Dietz/Thomas Fischer
Die Römer in Regensburg
239 Seiten, 70 s/w- und 16 Farbabb.,
Hardcover DM 49,80
ISBN 3-7917-1484-8

„...ein spannender 'Geschichts-Krimi' voller neuer Entdeckungen und Informationen, durch die das römische Leben in Regensburg lebendig wird." MZ

„Selten, daß man ein Kunstbuch als derart fesselnde Lektüre erleben kann. Autor und Fotograf gelingt es, ihre Begeisterung und Entdeckerfreude mitzuteilen. So wird das altersschöne Gesicht einer Stadt, werden 1300 Jahre Kunst und Architektur sichtbar in gestochenen Fotos, ungewohnten Sichtweisen, ausführlichen Texten...Ein vom Verlag hervorragend editiertes Buch und eine Reverenz an die Stadt."   die woche

Peter Morsbach/Anton J. Brandl
Kunst in Regensburg
Bildband. 208 Seiten, 75 s/w- und 80 Farbabb., zahlr.Zeichng., Illustr., Leinen
DM 98,- / ISBN 3-7917-1448-1

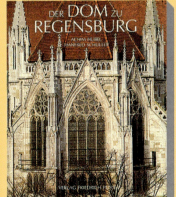

Achim Hubel/Manfred Schuller
Der Dom zu Regensburg
Vom Bauen und Gestalten einer gotischen Kathedrale
Unter Mitarbeit von Friedrich Fuchs und Renate Kroos
Bildband. 163 Seiten, 114 s/w- und 55 Farbabb., zahlr. Architekturzeichng., Pläne, Leinen DM 88,-
ISBN 3-7917-1449-X

„Mit dieser langerwarteten, opulent ausgestatteten Baumonographie über den Regensburger Dom haben A. Hubel und M. Schuller, die besten Kenner der komplexen Genese der Kathedrale, auf absehbare Zeit das Standardwerk über den bedeutendsten gotischen Kirchenbau Süddeutschlands vorgelegt."   das münster

VERLAG FRIEDRICH PUSTET